李会翔参加第59届亚太影展

李会翔与出席《会飞翔的孩子》开机仪式的演员们合影

李会翔与演员王莉莉

李会翔与《非同凡响》节目嘉宾合影

李会翔与小演员马晨曦

李会翔与合作演员们合影

李会翔担任《会飞翔的孩子》电视剧总出品人，携主创出席开机仪式

2021年，李会翔在中山大学南方学院CEO总裁高级MBA课程研修班毕业典礼作为班长发言

李会翔年轻时策划车展活动，
与模特合影

李会翔演戏定妆照

李会翔与学员李梓墨合影

李会翔与胡向真及小演员们的剧照

李会翔与小演员在拍摄现场合影

李会翔演戏定妆照

李会翔携团队与清远一中实验学校胡可宏校长开展综合
素质教育交流会合影

李会翔邀请专业演员指导小学员们表演

李会翔策划电视节目活动

李会翔与明星学员合影

广州市箭翔星秀文化传播有限公司主办的《非同凡响》巡演

李会翔与小演员们

箭翔星秀之约 3 周年庆暨《非同凡响》明星音乐盛典

李会翔接受广东广播电视台经济科教频道节目采访

李会翔策划的大型少儿演艺活动

学员黄翔

学员韩雨嫣

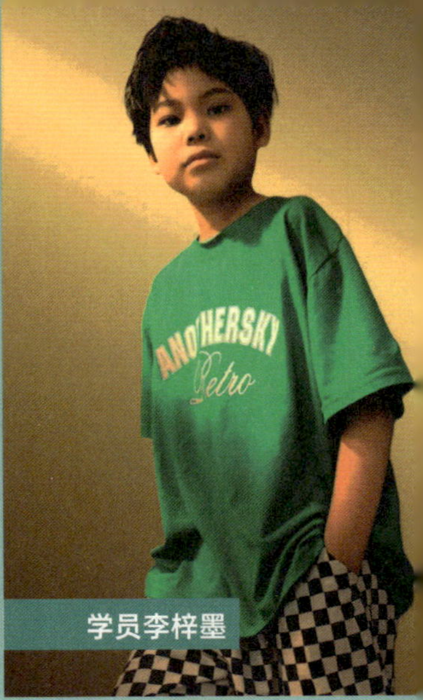
学员李梓墨

学员胡曦丹

学员黄宝贤

学员罗雅元

学员罗梓鸣

学员姚沁宁

学员张文玉

一位 20 年综合素质教育专家的精彩传奇

一群中国新生代非同凡响的真实蜕变

会飞翔的孩子

青少年综合素质教育的九大黄金法则

李会翔 著

梦想力·自信力·人格力

自律力·抗压力·应对力

交际力·竞争力·学习力

培养国际化少儿人才的 36 个经典秘诀

南方日报出版社
NANFANG DAILY PRESS
中国·广州

图书在版编目（CIP）数据

会飞翔的孩子：青少年综合素质教育的九大黄金法则 / 李会翔著. -- 广州：南方日报出版社, 2024. 11.
ISBN 978-7-5491-2933-1
Ⅰ. G40-012
中国国家版本馆CIP数据核字第2024KZ2969号

会飞翔的孩子：青少年综合素质教育的九大黄金法则

著　　者：李会翔
出版发行：南方日报出版社
地　　址：广州市广州大道中289号
出 版 人：周山丹
策　　划：唐新勇
责任编辑：巫殷昕
装帧设计：六一先生
责任校对：阮昌汉　符文达
责任技编：王　兰
经　　销：全国新华书店
印　　刷：广州市贝的包装印刷有限公司
成品尺寸：170mm×240mm
印　　张：12
字　　数：160千字
版　　次：2024年11月第1版
印　　次：2024年11月第1次印刷
定　　价：198.00元

投稿热线：（020）87360640　　读者热线：（020）87363865

自序

每个孩子都可以是一只自由飞翔的鸟

博学之，审问之，慎思之，明辨之，笃行之。

这是儒家经典《礼记·中庸》中的名句。

“博学　审问　慎思　明辨　笃行”也是1924年，孙中山先生为培养崭新的人才，创办国立广东大学（中山大学前身）时亲笔题写的十字校训。他鼓励学生广泛地多方面学习，大量吸收中西文化的学问，并详细地求教，慎重地思考，明确地分辨，踏踏实实地行动。

孙中山先生的这种治学思想和教育情怀，我是非常崇敬的。

儿童时期，我的梦想是当一名教师。虽然后来未能考上师范学校，但经过长期的努力，我终于在青少年综合素质教育领域做出了点成绩，也算是如愿以偿。

在湖南读大学时，我也梦想过到中山大学这样的名校考研读博，一直无法实现。直到前两年，我在广东打拼了十几年后，终于在中山大学南方学院读了个“总裁班”，对自己也算是一种安慰吧。

这些亲身经历，都让我深深感悟到，每个人，无论曾经的愿望多么“不切实际”，但只要敢想，只要努力坚持，梦想依然是可以实现的。

中山大学教授陈寅恪，在20世纪50年代双目已经完全失明，但他仍以口述的方式，历十余年，完成了《柳如是别传》。他是中国近现代集历史学家、古典文学研究家、语言学家、诗人等身份于一身的百年难见的人物。

因此，我们首先一定要勇于去想，然后再思考如何去把梦想变成现实。在生活中，很多孩子都说过：我想变成一只自由飞翔的小鸟。

这样的梦想虽然不可能实现，但作为家长或教育者，我们应该明白，这句话说明孩子已经渐渐长大了，开始逐步有了自己的思想，胆量也变得越来越大，活动范围也变得越来越宽阔了，孩子的真实意图就是希望能做自己喜欢的事情。

在家庭教育中，作为父母，我们一定要把握住这个关键时期。此时，我们一方面要鼓励孩子去做“一只自由飞翔的小鸟”，另一方面，我们又要告诉孩子，要想实现这个愿望，必须得学会飞翔，得有各种各样的本领，比如大胆自信、抵抗力强、与人为善等。

这些“本领”，就是我们常说的综合素质能力。相信许多父母都清楚，这些综合素质，有很多是书本上学不来的，必须通过日常生活、课外训练等不断磨砺才能学会的。而缺失了这些能力，孩子将来就不可能做到“自由飞翔”。

作为一名从事综合素质教育的工作者，我也常常告诉那些渴望“自由飞翔”的孩子：“小鸟不仅要学会各种各样的本领，而且小鸟也分很多种类，需要遵守大自然的规矩，坚守原则，‘自由飞翔’并不是真的无拘无束，想去哪就去哪，想干什么就干什么。”

比如一只麻雀或燕子，并不是想飞多高就可以飞多高，想飞到哪里就能飞到哪里。如果麻雀胡冲乱闯，就很可能进入老鹰的领地，被袭击甚至被吃掉，所以麻雀必须在安全的范围内飞行，在它们自己的领地空间内活动。

而老鹰也一样，并非想怎么飞就怎么飞。老鹰如果飞得太高，距离猎物太远，不利于捕猎食物，容易饿死，而且越往上飞，氧气就越稀薄，飞得太高的话，老鹰就会呼吸不到氧气，也无法生存了。

所以，就像人类一样，任何一种鸟儿，都有着它们自己特定的活动范围和生存原则。以前我接触过很多孩子，他们有的不听从老师和家长的管教、不遵守校纪校规和课堂纪律，有的没时间观念、旷课迟到、不写作业，还有的目无尊长、说话没礼貌、做事不分场合、不考虑后果、我行我素。这些都是综合素质缺失的表现，但每当小朋友们听我讲了一些关于小鸟飞翔的有趣故事，加上系列的训练后，他们也渐渐懂得了规矩的重要性，改掉了这些不良习惯和行为。

在无垠的高空中“自由飞翔”，固然是一种美好的愿望，孩子们也习惯用高度自由的思维去支配自己的行为，尤其是那些不守规矩的孩子，总是渴望高度的自由，甚至是完全的自由，想干什么就干什么，不想让家长干涉，不想有任何约束。

但这样的飞翔存在吗？显然是不可能的。虽然天空辽阔，没有边界，但是飞机航行有固定的航线，鸟儿也必须遵守大自然的规则，否则就会遇到各种各样的风险。当下社会，很多年轻家长深受互联网思维的影响，错误地认为，应该给予孩子自由、宽松的成长环境，让孩子无拘无束地自由成长，只要孩子快乐就行。

哲学家康德说过：所谓自由，不是随心所欲，而是自我主宰。

美国管理大师彼得·圣吉也说过：真正的自由绝非摆脱束缚的自由，而是创造我们真心向往的自由。

也就是说，真正的自由，其实恰恰是建立在一定规则之上，建立在自信自觉自爱自治之上的。只有在自己学会了足够的本领，拥有了各种各样的综合素质，才能够适应复杂多变的环境，可以在某个领域或多个领域游刃有余地展示自己的才能，实现自己的梦想与价值，在精神世界里越飞越高。这才是真正的自由境界。

而在通往自由境界的途中，那些真正让孩子变优秀、变强大的成长过程都不会很舒服。故我们一定要培养好孩子的梦想力、自信力、人格力、自律力、抗压力、应对力、交际力、竞争力、学习力等。唯有内心足够渴望自由飞翔，才有顽强的意志力去支撑、鼓舞自己坚持。唯有学会遵守规则，找到适合自己的航道，才能养成良好的习惯，朝着自己的目标稳健地越飞越高。

如果孩子能在这样的规则和环境下成长，作为父母就不要过于束缚孩子，不要将他们封闭起来进行严格管理，而应该给予孩子更多的自由活动空间，让他们尽情发挥自己的兴趣爱好，比如音乐、画画、舞蹈、表演等，这些都更能激发孩子的梦想，激发孩子的想象力和创造力。

雏鸟终将属于蓝天。每个孩子都可以是一只自由飞翔的鸟。

作为父母，手中的绳子不能抓得太紧，要学会适度放手，多鼓励孩子，让孩子自己去飞，给他们创造独立成长的机会，只有这样，他们才能飞得又高又远。

作为孩子，一定要明白，飞向蓝天白云，飞过高山湖泊，去看更辽阔、更精彩的世界，是一件非常开心、非常酷的事情，但需要有鹰击长空的勇气和能力，青少年时期多吃点苦，多学些适应大自然的本领，飞上天空后才经得起风吹雨打。

作为一名教育工作者，我想告诉每一个孩子，人生就是一次飞翔，每个人的人生都是奇幻的，只要我们怀揣梦想，努力学好技能，坚持不懈，就一定会有合适的机遇，让我们腾空而起，越飞越高，在蓝天之上展示自己的精彩和传奇！

2024 年 10 月

目　录

CONTENTS

你看到了孩子，也就看到了自己，你教育孩子，也是教育自己，并检验自己的人格。教育孩子不是宠，是你要他成为一个什么样的人。

——苏联教育家 苏霍姆林斯基

随机应变是才智的试金石。我们每个人都是在不断的变化中成长，如果你拒绝了变化，你就拒绝了新的美丽和新的机遇。

——法国喜剧演员 莫里哀

知识是智慧的火炬，每个人都必须学习才会走得更远。没有人像我这样，在艺术上花费如此巨大的时间和心血。谁和我一样用功，谁就会和我一样成功。

——奥地利音乐家　莫扎特

第一章

追求梦想：从小就要学会飞翔

我们不仅仅要自己有梦想，你还应该用自己的梦想去感染和影响别人。因为成功者一定是用自己的梦想去点燃别人的梦想，是时刻播种梦想的人。

——中国企业家　李彦宏

【我的故事】

10岁失去父亲，梦想让我崛起

没有梦想比贫穷更可怕，因为这意味着对未来没有希望。

有梦想就不会在乎别人的嘲笑，知道自己要什么，才能坚持下去。

梦想就像一粒种子，一旦生根发芽，就会迸发出不可思议的力量。

我虽然出身贫寒，但我从来没有屈服于命运，因为我心中一直有梦想。

1981 年 6 月 1 日，我出生于湖南省怀化市辰溪县。那里大山绵延，当地的孩子没有一个不是吃苦长大的。我父亲原本是一位知识分子，喜欢读书、写字画画、吹拉弹唱等，他下乡插队时在农村结了婚。我母亲则是地道的农民。我从 6 岁开始就学会了煮饭、剁猪草等，自幼养成了勤奋独立和坚韧不拔的品质。

那时，我的梦想是，无论如何都要走出大山，去外面闯出一片自己的天地。

后来，我父亲回到县城粮油副食品蔬菜公司上班，一家人住在狭小的单位宿舍。我还有一个哥哥和一个姐姐，父母负担重，家里依然非常穷。

或许是受到父亲的影响，我喜欢艺术，尤其喜欢绘画。上幼儿园时，老师对我画的桃花赞叹不已，还拿去市里参加比赛获了一等奖，从此我在学校里“名声大震”，老师经常劝我父母把我送去上绘画培训班。在美术老师的熏陶下，我产生了长大后当艺术老师的梦想，培养更多的艺术人才。

可是，天意弄人，我 10 岁那年，父亲因为一次意外离开人世，我幼小的心灵受到了巨大的创伤，也因此变得内向、自卑，完全把自己封闭在绘画的世界里。遭遇这样的不测，家里的经济条件更差了，我无法像别的孩子那样去上专业的绘画培训班，只能自己一个人在家里画画。那时的我十分脆弱，经常晚上做噩梦，哭着喊："爸爸，爸爸，您去哪儿了？为什么还不回来，我好想您……"每次惊醒的时候，我就发现自己躺在妈妈怀里，妈妈紧紧地搂着我，一刻也不松开。

失去父亲后，我更加体会到了家的重要性，家里人对我也更加呵护，让我更加感恩。我读初二的时候，姐姐认为我画画非常有天赋，多次替我哭着求妈妈："妈妈，无论如何您都要送弟弟上暑期绘画班……"我见姐姐哭，也感动得跟着哭。勤劳而善良的妈妈，又怎会无动于衷呢？她只好一手搂着我，一手搂着我的姐姐，哽咽着说："好，你们都别哭了，我答应，再苦再难，我都要让翔翔去学画画！"母亲虽然没有上过一天学，但是来到县城，尤其是父亲去世以后，她学会了做小生意，而且非常懂得教育孩子，经常对我们说"吃得苦中苦，方为人上人""人穷志不穷"。

上绘画培训班后，我非常高兴，但我依然很胆小、不善于表达。家里来了陌生人和客人，我都不会主动和别人说话，有时甚至还会躲起来。一次，有个基层干部来我家了解情况，见我把自己关在另外一个房间里，只敢躲在门后从门缝里看，基层干部就问我母亲："那个是你的儿子啊？胆子那么小，家里来个人还躲起来，长大了怎么能够有出息呢？"当时我的母亲哑口无言，我听了也是羞愧得满脸通红，暗暗在心里发誓：从今以后自己一定要胆子大，否则长大了就没出息！

但是，我的性格似乎已经成型，我发现很难改变自己，自己依旧不合群、不喜欢说话。不过，这并没有浇灭我心中的梦想。高考那年，我虽然没能考上心仪的湖南师范大学，却以优异的艺术成绩考入了长沙民政职业技术学院（以下简称"民政学院"）广告设计专业。

与教师梦失之交臂的我，在接到民政学院录取通知书的那一天，定下了一个目标：一定要拿到学校的特等奖学金。开学参加新生军训时，我身上那种不怕吃苦、坚韧不拔的精神发挥得淋漓尽致，训练结束后，我获得了“军训优秀班长”称号。因此，我在竞选班级班长时也以全票通过，还兼任体育委员。

大学期间，我不光刻苦学习，对班级的事情也认真负责，别人玩的时候，我在学习，别人睡觉的时候，我还在学习，每天凌晨5点，就起来组织舍友参加晨跑。因此，我不仅在艺术专业方面表现突出，我的德智体美劳等综合素质也很强，先后获得了品学兼优特等奖学金、内务大赛特等奖等几十种荣誉证书。

但是，学艺术的我喜欢安静，不太爱交际，大学毕业前夕，系主任王老师找到我语重心长地谈了一次话，王老师对我说：“你各方面都非常优秀，我就是担心你性格进入社会后吃不开，一个不喜欢和同学交流、不会与别人沟通、在众人面前说话脸红的人，将来怎么能够在社会上立足呢？从古至今，都是撑死胆大的，饿死胆小的，所以你一定要改变自己！”王老师的话，让我特别触动。

我觉得，有时候并不是我的胆子小，而是我嘴巴笨、怕出丑，其实我内心十分强大。所以，我毕业后没有选择与自己专业挂钩的工作，而是在长沙特意学习了如何做主持人，并应聘去做了临时演员，业余还读了不少心理学书籍。

经过一段时间的磨练，我渐渐变得开朗起来。不久后的清明节，我专程从长沙回了老家，跪在父亲的坟前说：“爸，您放心，儿子已经学会坚强、微笑着生活，这次我要去广东闯荡了，我一定要在那边拼出成绩，也一定会好好孝敬妈妈！”

正是那段既特殊又顽强的青春成长经历，让我感受到了人生的不易和梦想的力量，也为我后来进入影视圈以及青少年综合素质教育领域打下了坚实的基础。

【名人的故事】

永不放弃！莱特兄弟的飞翔之梦

创造力来自远大的梦想，当人们抛弃梦想、恐惧失败时，创造力也不复存在了。所以，无论何时何地，无论遭遇了怎样的困难，都要坚守梦想。

长大后，当我读了很多名人传记，更加体会到梦想的重要性。我也深刻感受到，世界上很多伟大人物之所以成就非凡，都是源自他们从小立下的志向。

比如，我小时候十分崇拜的莱特兄弟。他们创造的惊人奇迹，不仅为人类实现了飞翔的梦想，也为航天航空事业作出了巨大的贡献。

一百多年前，莱特兄弟出生于美国俄亥俄州，他们的父亲是一个木匠，母亲是一位音乐教师。一天，兄弟俩和父亲来到一个山坡上，一群大雁鸣叫着从他们头顶飞过，很快消失在远方。弟弟奥维尔·莱特问父亲："爸爸，大雁要往哪里飞呀？"父亲说："它们要去一个温暖的地方，在那里安家，度过寒冷的冬天。"哥哥威尔伯·莱特眨着眼睛羡慕地说："要是我也能像大雁那样飞起来就好了。"弟弟奥维尔·莱特听了也说："要是能做一只会飞的大雁该多好啊！"

当时世界上没有飞机，人类无法在天上"飞行"，但他们的父亲沉默了一会儿后，依然鼓励两个儿子说："只要你们想，你们也能起飞……"

年幼的莱特兄弟试了试，都没能飞起来，他们用怀疑的眼神看着父亲。

“让我飞给你们看。”父亲说罢，张开双臂，假装飞翔，但也没能飞起来。可是，为了激发孩子的梦想，父亲依然肯定地说：“孩子，我因为年纪大了才飞不起来，你们还小，只要不断努力，将来就一定能够飞起来，去你们想去的地方……”

莱特兄弟似懂非懂，却牢牢记住了父亲的话，并一直努力着。父亲的工具房里有各种各样的工具，他们经常模仿这些工具制作一些小玩具。一次，兄弟俩竟在家自制了一只回旋陀螺，让它支撑在刃口上保持旋转和平衡。他们还自制了爬犁，领着小伙伴来到雪山上，然后坐在爬犁上从山坡上滑下去……

从那以后，莱特兄弟对机械装配和飞行产生了浓厚的兴趣。父亲还告诉他们，干什么事情得先有个计划，要想制作各种更好的玩具，必须先学会画图样，然后再做。于是，在父亲的帮助下，他们学会了画一些简单的图样。后来，他们上了初中，学习了数学、物理知识等，对各种机械的设计原理更加了熟于胸。

莱特兄弟始终没有忘记小时候飞翔的梦想。接触各种机械玩具后，他们一直想做出一种能带着人飞上天空的“玩具”。第一次看到一种名叫飞螺旋的玩具能在空中飞行时，他们非常激动，将飞螺旋拆装了无数次，探索其中的秘密。父亲常在这方面鼓励他们，而从不指责他们把零用钱花在买工具、材料上，甚至敦促孩子们多去劳动挣钱来填补买工具、材料所需要的开销。

上高中后，莱特兄弟对飞螺旋之类能在天上飞的人工制造器痴迷到了极点。当时，他们的偶像是德国的李林达尔，一位誉满大西洋两岸的无动力滑翔飞行家。李林达尔曾写过著名的《鸟类飞行——航空的基础》一书，论述了鸟类飞行的特点，指出机翼要像鸟翼那样具有弓形截面才能获得更大的升力。莱特兄弟通过自学，阅读了大量的专业书，掌握了基本航空理论，开始了艰难的探索。

可是，就在这时，莱特兄弟的母亲因为意外匆匆离世。这种巨大的打击，让他们很长一段时间内都无法驱散心中的悲痛。他们也因此失去了上大学的机会，高中毕业后就开始工作谋生，先后做过自行车修理工、印刷厂工人等。在那段冷清的日子里，他们一直没有放弃“飞翔之梦”，工余时间研读了大量的科技书籍。

后来，莱特兄弟创办了自行车修理厂和印刷厂，一边经营生意，一边投入资金进行飞行研究。1896 年，他们听闻偶像李林达尔在一次滑翔飞行中不幸遇难，十分震惊。这对很多梦想飞行的人来说是一个沉重的打击，但熟悉机械装置的莱特兄弟却从中认定，人类进行动力飞行的基础实际上已足够成熟。他们深入研究分析后发现，李林达尔的失误在于他还没有来得及发现操纵飞机的诀窍。

对李林达尔的失败进行一番总结后，莱特兄弟满怀激情地投入了对动力飞行的钻研。他们不仅努力掌握前人的研究成果，而且十分注意向鸟类学习。他们常常仰面朝天躺在地上，一连几个小时仔细观察鹰在空中的飞行，研究和思索它们起飞、升降和盘旋的机理。当年他们提出的许多新颖想法，后来都在航空工业中得到了应用。在吸取前人经验教训的基础上，他们研制了很多飞行器，反复地试验，由于没有资助，他们把做生意赚来的钱用于研发。

莱特兄弟的配合是完美无缺的。哥哥像做木匠的父亲，勤恳踏实，拥有工程师细致和谨慎的品质；弟弟则像他们做音乐教师的母亲，富有艺术家的想象力，敢于不断创新。两颗充满智慧的“最强大脑”，密切配合，相得益彰。

在制作滑翔机试飞的过程中，莱特兄弟失败了无数次，发现存在很多问题，不是螺旋桨故障，就是发动机出了毛病，或是驾驶技术的问题，但他们毫不气馁，一次次试飞，并从中总结了很多经验，为成功打下了坚实基础。

经过长期钻研后，1900 年 10 月的一个傍晚，莱特兄弟先后趴在易碎的滑翔机骨架上，迎着海风飘了起来，他们成功地实现飞翔了！虽然这只是几秒钟的飞行，只有 1 米多高，但他们的成就超过了试图靠移动身体来操纵飞行的李林达尔。第二年，他们经过多次改进，又制成了一架滑翔机，飞行高度达到 180 米。

那几年，他们制造了 3 架滑翔机，并进行了 1000 多次滑翔飞行，还自制了 200 多个不同的机翼，进行了上千次风洞实验，修正了李林达尔的一些错误飞行数据，设计出了具有较大升力的机翼截面形状。同时，他们的滑翔机多次滑翔距离超过 1000 米。在当时这可是个不小的成就。他们不仅迅速掌握了飞行器制造技术，而且在许多方面都取得了重大突破。1903 年 12 月 17 日，他们亲手制造的第一架飞机“飞行者 1 号”在美国北卡罗来纳州试飞成功，轰动全球。

自那以后，莱特兄弟经常驾驶着他们的飞机四处进行飞行表演，在一片欢呼声中，自由自在地飞向天空，两支长长的机翼从空中划过，像一只展翅飞翔的雄鹰。因为他们的伟大发明，人类动力航空史就此拉开了帷幕。后来，他们在美国申请了飞机专利，并创办了莱特公司，成为世界著名的飞机制造商。

莱特兄弟永不放弃、不断创新，花费数十年的时间，最终实现了儿时的飞翔梦想。他们的成长和成功经历，也鼓舞了无数青少年，成为孩子们永远的榜样。

【新生代的故事】

姚沁宁：梦想让他成为著名童星

> 梦想是孩子隐形的翅膀，帮助他们穿越千难万险，飞向理想的天空。

如果说莱特兄弟这样的名人离我们很远，那么我再讲一讲身边孩子关于梦想的故事吧。在我所从事的综合素质教育领域，有不少从小热爱艺术、渴望成为演员的新生代童星，他们因为有了梦想的激励，在其成长过程中的蜕变速度非常惊人。

比如 1992 年出生的张一山，虽然成长于一个普通家庭，但由于小时候梦想当演员，他先后参加了武术、朗诵等方面的培训，继而被导演看中，有了一些出演少儿影视剧的机会。青少年时期，他的表演从萌态百出到逐渐成熟继而能独挑大梁，尤其是他主演的电视剧《家有儿女》和《家有儿女初长成》等，特别火爆。后来，他也因此专长考入北京电影学院，有了更广阔的发展空间。如今，他已成为中国内地颇具实力的男演员。

还有我亲自培养过的姚沁宁，他的成长历程特别感人。10 年前他因在我导演的深圳电视台《智慧学堂》节目中有出色表现，而被广大观众熟知。

2013 年，他在我拍摄的百集电视剧《快乐 00 后》中惊艳亮相，一跃成为在当地家喻户晓的“童星”。一路走来，很多观众见证了他的神速成长与进步，纷纷成为他忠实的粉丝。

但很多人不知道，姚沁宁还在妈妈肚子里的时候，就遭遇了种种“磨难”。他母亲怀孕时被检查出有肿瘤，而且肿瘤长在头颈处敏感的位置，患处神经、微细血管等网状结构密集，如果不及时动手术和用药，癌变的可能性是 99%，但动手术的话，孩子就保不了……他母亲得知后毫不犹豫地对医生说：“先不做手术，请竭尽全力保护我的孩子，只要孩子能健康出生，哪怕我付出生命也值得！”

后来，姚沁宁早产，导致他的母亲出现肿瘤并发症，在病床上整整待了三年时间。而姚沁宁由于三岁之前缺少父母的陪伴（他爸爸要工作和照顾病重的妈妈），到了三岁还不会说话，语言能力糟糕到了极点。幸好三岁后，他母亲出院了，在母亲的努力下，他在 3 岁 3 个月时终于开口叫了“妈妈”，但是相比同龄人差距依然很大，尤其在上学后，他面临着重重困难。

当时，我在深圳一家少儿影视公司做导演，有一次我们剧组工作人员在深圳百花小学校门口采访，放学路过的姚沁宁主动和我们的工作人员交流，当时他说话不是很利索，而且普通话不太标准，他说他喜欢唱歌、想做演员、想上电视、想改变自己、想参加我们的活动选拔……工作人员当时的第一感觉是，这孩子肯定是不适合做演员的，因为连听他说话都很费劲，但看他在这样的情况下，还有这么多梦想，工作人员被打动了。

不久，姚沁宁在母亲的带领下来到我们的选拔现场，他上台唱了一首李克勤的《红日》，我当时是总评委，他很激情地唱着，但唱歌的音准和气息都不对，尤其是节奏感不强，边唱边跳，身体极不自然，我当时就直摇头。

可在现场，姚沁宁的母亲列举了他很多的优秀之处，我能够理解作为母亲有多么希望孩子可以得到我们的认可，得到这次难得的培养提升孩子能力的机会，不想扼杀孩子的梦想。看到母子俩执着的神情，我不忍心，最终给了他一个待定名额。但待定名额其实是没什么用的，因为我们选拔出来的优秀孩子太多了。

后来，姚沁宁的母亲见我们迟迟没有回复，坚持不懈地联系我们，希望再给孩子一次机会，至少恳求了我 10 次，我答应了。我记得非常清楚，来复试的当天，我单独考核姚沁宁，但因我临时有事，让他们等了足足 3 个小时，最后我从唱歌、跳舞、主持、演戏、健康、文化成绩、人品、自学能力、运用能力、形象等多方面严格考核了他，同样花了足足 3 个小时，他们母子俩始终非常配合。

姚沁宁的考核结果评语，我当时是这样写的：梦想强烈，心地善良，热爱音乐、表演、艺术，学习成绩中等，动手能力强，语言表达欠优，肢体协调能力欠优，唱歌大嗓门，但是气息、音准有很大问题，自信心严重缺乏，而且妈妈溺爱，导致他独立能力太差，什么事情都需要妈妈做……他母亲在看到这些评语时，当即掉了眼泪。可能是难以抑制，又或许是生怕我再次拒绝，他母亲就跟我讲了姚沁宁出生时的情况，并恳求我给孩子一次机会。

我听了后被深深地打动了，我原本确实是不想收姚沁宁的，但那一刻我突然改变了念头，并在心里想，我一定要帮助这个有梦想的孩子！

我知道这孩子比较特殊，培养起来肯定比别的学员艰难很多。所以我收下姚沁宁后，就写了一份关于怎样培养他的详细计划，然后要求团队严格按照计划进行。首先，我们通过舞蹈培训把他的身体协调好，接下来解放他的天性，找到他的最大优势，再纠正他的发音，苦练他的语言能力，然后教他唱歌，各方面都合格以后，再进行影视表演培训……所幸，姚沁宁很刻苦，也非常有耐心，每周星期六或星期天都会来公司训练，日复一日，年复一年。

三年后，姚沁宁在口才语言方面突飞猛进，可以说相声、演小品、唱歌，每年都参加深圳电视台的少儿春晚，多次参加《童星剧场》栏目。我还让我们的音乐制作老师专门给他写了一首原创单曲，并让他在百集电视系列剧《快乐 00 后》的《攀比心理》一集中担任领衔主演，该剧在深圳电视

台及网络新媒体广泛播出后，他收获了很多粉丝，并获得了华南电影电视艺术节“最佳男主角奖”。

那几年里，姚沁宁比任何一名学员都努力和勤奋。从他进来我们公司开始，我就严格要求他和他的妈妈必须坚持过来学习，回去必须练习，还要交作业给我。慢慢地，他越来越熟练、越来越专业，从小舞台到中型舞台，再到大舞台，一次又一次的蜕变，他变得自信、勇敢，充满正能量，学习成绩也越来越优秀，各门功课都名列前茅，还报考了每周末的德语课程、影视剪辑动画制作课程。

梦想让姚沁宁进步神速。他还非常懂得感恩，每到教师节、国庆节、中秋节、春节等，都会精心给我制作贺卡。后来，我因工作调动到广州发展，他的父母仍一如既往地将孩子在学习和成长中的进步分享给我，告诉我姚沁宁又获了什么奖，比如曾荣获“深圳市候选美德少年”称号，告诉我孩子在哪演出或拍摄广告。每逢节日，他们一家人都是满满的感恩与祝福，感谢我当初给姚沁宁进行了全方位的综合素质培养，由于基础打好了，现在样样都可以发挥得很好。说句心里话，这让我非常有成就感，感到骄傲！

转眼 10 年过去，当我 2022 年再次联系到姚沁宁及其家人时得知，姚沁宁虽然最终没有走上演艺之路，但是当年那段“童星”的经历让他拥有良好的艺术素养和综合素质能力，最终他被澳门理工大学录取，成为一名优秀的大学生。

当然，在我打造的上百名童星中，像这样取得卓越成绩的孩子还有很多。十几年来，我让一批又一批向往荧屏的孩子实现了影视梦想，让他们变得勇敢、自信、独立、优秀，希望他们能像张一山、李卓钊等新生代演员那样越飞越高。

【黄金法则】

青少年综合素质教育的九大黄金法则之“梦想力”

梦想力，顾名思义，就是梦想的力量。

日本“经营之圣”——本田集团创始人本田宗一郎，在小学二年级第一次见到汽车的那一刻，就萌生了“总有一天，我也要造一辆汽车”的梦想。

后来，怀着这个梦想，16岁的本田宗一郎离家到东京做汽车修理工；22岁时，他成立了自己的汽车修理厂；28岁时，他不忘初心，毅然关闭修理厂，启动自己的造车梦，从一个活塞环开始，陆续造出机动自行车、摩托车、汽车、F1赛车，坚持不懈地向梦想前进……

本田宗一郎以亲身经历佐证了“有梦想，就有力量”这一信条。他说，只要不放弃梦想，就一定能获得成功，想让花朵在明天盛开，今天就得播种。

美国著名脱口秀主持人奥普拉曾说过：“一个人可以非常清贫、困顿、低微，但是不可以没有梦想。只要梦想存在一天，就可以改变自己的处境。”是的，梦想并不遥远，只要坚持，终究会有实现的那一天。

梦想是人生的翅膀，是前进道路上的指明灯。有了梦想，就有了前进的方向，就有了不怕困难挫折的勇气和决心，就有了坚持到底的信念。有了梦想，才会飞得更远。有了梦想，我们成长的过程就会更加精彩。

因此，梦想力是青少年综合素质教育的首要黄金法则。

【经典秘诀】

如何培养孩子的梦想力？

梦想不是突然出现的，灵光乍现的情况太少了。因此，我们一定要重视梦想教育，要想尽办法帮助孩子激发他的梦想力，让孩子自己树立梦想。培养有梦想的孩子，换一种思路，其实也是培养有能力将梦想变为现实的孩子。

秘诀 1 挖掘深层兴趣

梦想需要从小就埋下种子。所以，父母首先要在孩子小的时候就仔细观察，挖掘孩子的深层次兴趣。当孩子有所想之后，再引导孩子，通过具体的行动来发展、强化其接近梦想的能力。因为梦想不能光想不做，父母作为孩子的第一任老师，有责任帮助孩子发现自己的天赋、提升其能力，成为孩子的“贵人”。

比如孩子第一次参加兴趣班，可能只是孩子的表面兴趣，等新鲜感过了可能就不爱学了，这时候就需要我们帮助孩子坚持下去，看见孩子的进步，让孩子感受到努力带来的成就感。如此一来，孩子就会有更高的目标与追求，从而激发出孩子的梦想力。

秘诀 2 构建具体梦想

当孩子有了深层次的兴趣后，就会主动去学，并触及其所梦想的东西。或许一开始梦想非常遥远，不切实际，这不要紧，父母可以引导孩子构建一些具体的梦想。

比如孩子梦想当画家，我们可以鼓励支持孩子。但同时要告诉孩子，当画家是一个大梦想，要实现大梦想，就必须先实现很多小梦想，比如认真跟老师学，画好每一幅作品，让自己的作品充满想象力、与众不同，在比赛中获奖。

构建具体梦想是基于自我认知做出的主观判断。当孩子学会这一点后，随着年龄的增长，孩子就会形成良好的习惯，变得独立自主，可以根据自己的兴趣、能力、性格以及价值观，不断调整、优化自己的梦想，得到进一步发展。只有能够自己构建、主导梦想后，他们才能持续朝着梦想的方向前进。

秘诀 3 实现每个梦想

梦想如何实现，不外乎规划、管理、提升、升华。梦想不是发现兴趣后的率性而为，需要做出有针对性的规划和付诸实践，经过不断努力，才有望成真。所以引导孩子将梦想转化为行动，十分重要。比如梦想是成为专业运动员，就要有严格的训练计划。

在实践中，父母要帮助孩子克服最初的不理解和持续训练带来的厌烦情绪，不断地给孩子做思想工作，让孩子真正地爱上自己所走的这条路。梦想能否实现与意志力有关。在通往梦想的道路上，成功者都是持之以恒坚持下来的人。

秘诀 4 拓展梦想维度

朝着梦想前进的路总是充满着不确定性。因此，父母要引导孩子不断拓展梦想，给自己设立阶段性目标，以此形成孩子自我激励和为之继续努力的持续动力。

在时间方面，处于不同人生阶段的孩子，随着认知的发展，会不断涌现新目标，父母要帮助孩子认识到这一点。在人生的不同阶段，一个人的眼前会呈现出很多不同的选择，这些道路上满是梦想，但选择不同，要走的路也就不同。

在空间方面，要帮助孩子放眼世界，不做井底之蛙，让孩子看到不同空间下的角色，从而进一步拓展梦想的维度。当梦想有了新鲜元素，孩子就更有激情。

※※※

法国哲学家加斯东·巴什拉认为：“我梦想，故世界像我梦想的那样存在。”他以自身的诗歌阅读经验证明：梦想是一种通达真理和自由的方法。梦想不是虚无缥缈的东西，它存在于人的内心，是情怀，是能力，是通达生命深处的通道。

因此，“梦想”一定要是孩子自己的梦想，而不是家长强加给孩子的梦想。当孩子的梦想与大人期待的梦想大相径庭时，要充分尊重孩子自己对梦想的选择。当然，前提是孩子的梦想不能违背社会的主流价值观。

当孩子的梦想确定后，家长要做孩子梦想的守护者和其实现梦想过程中的相伴者，不能越俎代庖。家长还必须明白，不能把孩子的“梦想”简单确定为做一名学霸、考上某一所名牌大学等。教育中如果过分强调考试、成绩，很容易扼杀孩子的梦想，很多孩子上了大学后，往往会陷入新一轮迷茫，走进社会后，甚至会迫于生活压力而丧失兴趣、爱好乃至对未来的希望，正是因为他们从小缺乏梦想力。

孩子应先具备梦想智力，明确方向目标后去逐梦。北大心理专家徐凯文所提出的“空心病”，认为既有教育模式难适应当下学生：北大精英学生常感到空虚迷茫，传统治疗失效，症状涉及多方面，病因与既有教育模式有关。所以我认为，梦想的建立需从小抓起，方能化解“空心病”难题。

因为拥有梦想是一种智力，而实现梦想则是一种能力。

第二章

拥有自信：越努力就飞得越高

坚定的信心，能使平凡的人们做出惊人的事业。对于凌驾于命运之上的人来说，信心就是生命的主宰。

——美国女作家　海伦·凯勒

【我的故事】

普通大学生打造“平民模特”

> 自信就像催化剂，将人的全部潜能调动起来，达到最佳状态。

大学毕业不久，我到了东莞虎门一家服装公司做业务员。

由于环境所迫、生存艰难，我别无选择，只能硬着头皮去四处拉业务。随着业绩渐渐提升，口袋里有了一些收入，我也开始自信起来。一年后，我升任经理。

有一次，在虎门富民服装城做生意的罗老板邀请我去参加时装博览会。我看见一个名叫史水莲、长得不算漂亮的女模特，惊讶地问：“这个模特的相貌，实在不怎么样啊，咋还这么深受欢迎呢？”罗老板笑道：“呵呵，我也搞不懂。不过，她最近的确特别红火，还是我们富民服装城的形象代言人，刚刚在‘真维斯世界模特大赛’荣膺中国模特赛区季军呢！你不知道，在美女泛滥的今天，用‘平民模特’来做促销，已经成为世界各地服装界的潮流，没有高价钱还请不来呢……”

这个现象当时让我深受触动。

我仔细看了史水莲的走秀，她虽然没有其他模特漂亮，但是她走起台步来非常自信，而且有自己的独特气质和魅力，让人看见后一下子就记住了她。

不久，我跳槽到罗老板的服装公司做营销策划。

罗老板每年手上都会有价值几百万元的库存服装，经常导致资金周转困难，为此他伤透了脑筋。我的工作就是帮罗老板解决这个烦恼。上任后，我立即招了6个非常漂亮的女促销员，每天在商场门口轮番搞促销，但效果并不好。

说实话，我那时对自己的长相也不满意，尤其因为皮肤黝黑，跟那些漂亮的女模特在一起工作时，她们甚至笑话我是一个“丑男”，这让我颇受打击。但我心里清楚，身高外貌都决定不了一个人的成就，只有能力才能决定一个人的成就。

有一天，我在一本时尚杂志上看到了模特吕燕的成名史：一个小眼睛、塌鼻梁、扁平脸、厚嘴唇，甚至脸上还有不少雀斑的江西女孩，却在巴黎世界超级模特大赛上夺得亚军。

从吕燕、史水莲等不以漂亮著称的模特身上，我突然得到了灵感，立即又招了6名“平民女孩”，与以前的6名“美女促销员”分成两组，形成对照组。

然后，在服装商场搞促销时，我让“平民女孩”穿上近期最流行的新潮服装，而“美女”穿上库存货。这样一来，当“平民女孩”穿着流行款式的服装招揽生意时，顾客们大都视而不见，因为“平民女孩”不仅不“养眼”，而且身上穿的衣服标价昂贵，穿着也显示不出什么效果。相反，有了“平民女孩”的陪衬，人们觉得那些穿在“美女”身上的库存衣服不仅价格便宜，还显得气质高雅。最后，这个巧妙方法大大改变了顾客对服装的看法，原先无人问津的积压品反而成了“时髦货”。

这一招屡试不爽，我很快就帮罗老板把库存货卖完了。这时，我产生了一个想法：东莞成千上万的服装公司每年都有一批库存货，如果自己专门办一个“平民模特”培训班，为服装公司厂家搞产品宣传促销，岂不是一条很好的路子？我还发现当时没有一家这样的经纪公司。于是，我决定做第一个吃螃蟹的人。

2003年底，我自信地辞了职，租了一间办公室，正式开起了“平民模特培训班”。我在招生广告里这样写道：“您想做一名让人羡慕的模特吗？您是不是常为自己的容貌无法达到传统模特的要求而苦恼？请参加‘平民模特培训班’吧！我们热诚欢迎与众不同、容貌或体型并不完美甚至有点古怪的女孩加盟，也就是说，你的相貌平凡一点没有关系，只要你自信、有勇气、有胆量就行！”

由于广告独特，吸引了不少年轻女孩子。不到半个月，我就招收了20名学员。许多学员看到彼此的容貌后，都有些不敢相信，纷纷询问我：“李老板，参加培训班后，我们真能找到模特工作吗？”我很自信地认真回答道：“请放心，只要你们努力去做，我百分百能安排你们工作！”这个承诺让学员们都很放心。

我开“平民模特培训班”碰到的第一个难题，就是如何有效地培训学员。刚开始，我让请来的模特教练按照传统的模特训练课程来培训她们，比如基本功训练、时装表演技巧、个人造型培训、多人姿态造型训练、模特职业道德和从业技巧、服装秀鉴赏等。但由于学员们“千姿百态”，她们无法统一进度，因此培训起来十分麻烦，我只能先让她们学完传统的模特训练课程，然后根据每个学员的形体优势进行个性培训，再按照客户需求强化其特点，最重要的是提高她们的自信心。

有个叫陈鹃的女孩，年仅19岁，身高1.80米，原来在虎门一家服装厂上班，由于人太高，同事们都不愿意跟她走在一起，她很苦闷。看到我的培训班后，她立即报了名，希望能通过我的培训，找到一份让她自己感到快乐的工作。培训时她十分刻苦，但我在为她找“定位”时头痛不已，因为她不自信，也没有气质。

后来，我反复鼓励她，一定要相信自己，每天多笑一笑。她认真地照我说的去做，训练一个月后，她脸上总是笑容灿烂，自信满满。我仔细观察，发现她的脚板很大，便灵机一动，把她推荐到虎门著名的“大脚板鞋店”当了一名“鞋模”。结果，身材高大的她就像明星做广告一样，让那家鞋店的生意空前红火。

刘楚莉原本也只是一个很普通的女孩子。参加“平民模特培训班”时，她一直想做一名时装模特，但我认为她的相貌比较普通，她走秀时我看不到那种自信的光芒。不过，我发现她的最大优势是腿型好，于是反复地劝她：“我觉得你还是当‘腿模’好。”不久，她听从我的建议，去了东莞长安镇的一家外资女袜企业当了一名“腿模”。由于她的双腿与厂家的丝袜、长靴等商品拍出来的展示画面特别精美，老板十分看好，不仅长期聘用她，月薪也比她以前的工资翻了两三倍……

随着一个又一个“平民模特”被公司企业花高薪聘走，看着她们高高兴兴、踌躇满志的样子，我也很开心，越来越自豪。我的名气也越来越大了，信心满满地将培训中心搬到了东莞市区，并注册了公司，面向珠三角乃至全国招生。

进入公司化运作后，我不断提高培训质量，同时在挑选学员时也越来越精心、严格，除了长相要有特点、有气质外，还要求口齿伶俐、自信乐观。

为了扩大学员们的就业门路，我可谓绞尽脑汁。一次，我去参加朋友的婚礼，发现新娘长得比较普通，而站在她旁边的伴娘却长得很漂亮，所以前来参加婚礼的客人都把目光放在了伴娘身上，弄得新娘很不自在，大喜的日子却笑不出来……

我立即提醒那位朋友，并打电话叫来公司的一名“平民模特”做伴娘。果然，新娘的“主角形象”立即凸显出来了，她觉得自己比“平民模特”好看多了，脸上洋溢着笑容。婚礼结束后，新娘高兴地给了我一个大红包。这让我又看到了一个商机，给公司业务增加了一项“伴娘知识培训”，向外界推出了“婚庆伴娘租赁服务”，这便成为我公司的“招牌项目”之一。

著名戏剧作家萧伯纳曾说过：有信心的人，可以化渺小为伟大，化平庸为神奇。的确，在现实生活中，一个人如果连自己都不相信，谁又会相信他呢？

那几年时间里，我找到了自信，培训了1000多名“平民模特”，让她们也充满了自信。她们大部分被推选到广东乃至全国各地的企业，从事时装模特、内衣模特、人体模特等工作，上百名学员成了形象代言人、时尚广告明星，其中包括模特陈婉萍、陆瑶、袁俊等优秀艺人。

这是我青春岁月中十分难得的一次创业经历。尽管开始有些艰难，但最终因为敢于创新，我打造了一批“平民模特”，使自己越飞越高。我也因此成了青年新锐时尚模特经纪人，获得了“平民模特培训第一人”的称号。

【名人的故事】

李开复谈自信：你可以做最好的自己

特别乐观、特别自信的人，总能不断地从自己身上找到前进的动力，总能设法让自己身体里的潜能超水平地发挥和释放出来。

李开复是我很喜欢的一名企业家。他说，自信，是一个人潜能的放大镜。

他不仅自己非常自信，还经常激励、启发别人，一定要自信地做最好的自己。无论是他的学生时代，还是其历任苹果、微软和谷歌高管的经历，都可以看出其过人的自信和才华。取得成就后，他陆续发表了七封“给中国学生的信”，表达其对于当代青少年的热切关心。后来，他又作为创业导师创办了创新工场，借助自己的个人魅力，帮助创业者不断自信地成长、成熟。

我曾读过李开复写的《人生，你可以掌控》一书，感触颇深。他在书中这样写道：“在通往成功的道路上，每个人都有遭遇挫折的时候，不过，面对这些挫折，有的人会越挫越勇，而有的人则会灰心丧气，认为自己潜能不足，从而丧失斗志。”

他认为后者就是一种不自信的表现。他说：“一个人的潜能和他表现出来的能力，往往并不是 1:1 的关系；大多数时候，都是潜能大于能力，但我们不自知罢了；而又由于这种不自知，让我们陷入自卑，从而丧失了更多展现潜能的机会。”

李开复是一个自信的人，从小到大都非常优秀。他也希望人们，尤其是青少年，能够跟他一样变得自信，让自己的潜能全部展现出来，甚至得到放大。他认为，一个人只有拥有“放大”自己潜能的能力，才能够做成更多的事情，而这种能力的获得，则主要靠自信。这更是从他的亲身经历中得来的。

他祖籍四川，出生于中国台湾。小时候的他，是家里人公认最调皮的孩子。他从小就特别喜欢模仿别人，比如模仿父亲说四川话，模仿父亲踱方步，还模仿电视里人物讲话的腔调。有一次，邻居在院子的池塘里养了很多鱼，经常对人夸口说有100条。他不太相信，老琢磨着怎么去揭穿那个邻居，可鱼总是游来游去的，他每次去数，都没有办法数清楚。终于有一天，邻居一家人都出门了，他和几个孩子决心抓住这个千载难逢的机会来个“大胆求证”。他们跑到池塘边，用水桶舀池塘里的水，忙活了好几个小时，终于把水舀干了，一数，发现根本没有100条鱼。他们心满意足，自觉戳破了邻居的“惊天”谎言，根本顾不上那一池鱼的死活。邻居回来气急败坏地找他母亲告状。他却自信地说：“你总是跟我说有100条鱼，我就不信，瞧，这下我赢了吧！”他母亲和邻居听了都哭笑不得。

有人曾说，调皮的孩子可能是被忽略的天才。儿时的李开复看似“无法无天”，其实是他天性自信、聪明，不自信的孩子，是不敢去模仿、尝试的。

李开复11岁那年，跟随家人到美国读书。刚开始，他一句英语也听不懂。上初一时，在一次数学课上，老师问同学们“1/7”换算成小数是多少。他听不太懂老师问的是什么，但他认识黑板上写的“1/7”，而且记得以前背过这个数，就主动、自信地站起来答道：“0.14285714……”当时，老师和全班同学都震惊了。从来不让学生背诵这些东西的老师，将他认作是学习数学的天才。

下课之后，老师就找到李开复，鼓励他去参加数学夏令营，并且想让他帮助班上的其他同学学习数学，还说要送他去参加数学竞赛。老师和同学们的这种认可，是他从没经历过的，也让初到美国的他更加自信。当时，他迫切地想把英语学好，因为只有学好英语，听得懂老师的讲课内容，才能学习更多的数学知识。他也知道，自己在课上的回答其实并不是什么天分，不过是因为之前背过这个数罢了。但这种自信还是给了他很大的力量，让他觉得自己在学习上有很多的潜能可供挖掘。最后，他终于在自信心的驱动下取得了成功，在英语和数学的学习上有了很大的进步，尤其数学方面，还在全州的数学竞赛中获得了冠军。

从那以后，李开复明白了一个道理：自信就像一个放大镜，可以“放大”一个人的潜能。想通这个道理之后，他也变得越来越自信了。在他后来的生活中，自信一直伴随着他，为他带来了很多的成就。他在美国卡内基梅隆大学计算机系取得博士学位，并凭借出色的研究能力留校任教 2 年，担任副教授。

后来，他投身实业界，在苹果任职，当时的苹果公司因为效益不好，正在大幅裁员，搞得人心惶惶，大家都无心工作。可是，细心的他发现，公司当时有很好的多媒体技术，不过 PC（台式电脑）却无法将这些技术充分应用到产品中。他还预测，这些技术应用好了很可能会通过互联网的传播而成为主流。而且，这些技术加上用户界面的突破，也很可能成为以后公司的主要业务。于是，他没有多想马上动笔写了一份题为《如何通过互动式多媒体再现苹果昔日辉煌》的报告，交了上去。他觉得这份报告肯定能够得到高层的认可。果然，他的报告引起了公司高层的注意。多位副总裁经过商议后决定，采纳他的意见，极力发展简便、易用的多媒体软件，同时任命他为互动多媒体部门的总监。

这是一次带有自荐性质的升迁，而李开复能够在苹果大幅裁员的背景下得到这次升迁，靠的就是他的自信。如果没有自信，而是跟其他同事一样消沉、懈怠，那么他是不可能获得这个机会的。在整个过程中，自信就像一个放大镜一样，帮助他“放大”了潜能，拓展了他的舞台。所以，真正阻挡我们的不是困难，而是自己那颗不自信的心，很多时候，只要你自信、努力地去做，想要成功并不难。

再后来，李开复辞掉了谷歌全球副总裁、大中华区总裁的职务，在北京创立“创新工场”，致力于帮助青年学生成长和大学生创业，曾入选“中国改革开放海归 40 年 40 人”榜单。他还陆续发表了七封信——《给中国学生的第一封信：从诚信谈起》《给中国学生的第二封信：从优秀到卓越》《给中国学生的第三封信：成功、自信、快乐》《给中国学生的第四封信：大学四年应是这样度过》《给中国学生的第五封信：你有选择的权利》《给中国学生的第六封信：选择的智慧》《给中国学生的第七封信：21 世纪最需要的 7 种人才》。这七封信鼓励大家做个积极主动、充满热情、灵活自信的人，为无数中国学生带来了正能量。

有主持人在电视节目中问李开复：“您自信的标准是什么？您自信的力量来自哪里？怎么让这种力量一直保持，甚至影响您一生呢？”他回答：“自信是一种感受，我不认为有绝对的标准。如果我对自己的认识很充分，能客观评估自己的能力、状况，毫不迟疑地欣赏自己的长处，也开放地接受自己的不足，通过积极学习来拓展自己，这样你就有了自信，与他人的关系也会变得和谐。我自信的力量来源很广，其中一部分来自我的家庭。我的父母很开明，经常鼓励孩子，给我们自由发展的空间。但同时我的家教很严，妈妈要我们诚实，爸爸要我们谦虚实在，这些价值观奠定了我自信的基础。还有，自信是建立于自觉基础之上的。当我知道我能够做到什么，我的自信就是一种基于理性的判断，而不是感性的自我膨胀。如果没有自觉，高估了自己的能力，以后的每一个失败都会给自己带来很大的损失。所以，不要把自己的目标设定得高不可攀，要定在一个合理的范围。建议不要总是定太大、太长远的目标，而多给自己定一些小小的目标，一点一点达到后，不要忘了夸奖、奖励自己。渐渐地，自信就建立起来了。”

李开复成长、成才、成功的经历，给了我很多的启示。他自信，又不失谦虚。他懂得如何在谦虚和自信中保持平衡，而不会变得自卑或自负。

在谈到什么是成功时，李开复说，一个人的价值不是你拥有多少，而是你留下多少，人生的价值在于贡献和对他人的影响。他曾经有过一个独特的梦想，就是在中国创建一所一流的、有世界影响力的私立大学。尽管他最终没有成功，但他并没有气馁，而是选择用其他方式继续追逐梦想。他说：“我虽然不能改变教育，但是我可以帮助学生。”他一直向青少年朋友表明：“成功就是做最好的自己。”

李开复无疑是国际人才的楷模，他教导中国青年学生如何才能成为“国际化的人才”，有着独到的视角与见解。他觉得要想做一个学贯中西的国际化人才，走向世界，首要的就是自信，包括对自己、对国家、对未来等各方面的自信。

【新生代的故事】

李梓墨：自信的孩子真的会发光

自信并不是生来就有的，最重要的往往是后天环境的影响，而家庭就是影响孩子自信与否的主要原因。

李梓墨是我亲手培养的，他是个积极主动、交际能力强的孩子，无论在哪里都能快速适应环境。2012 年 6 月 29 日，他在深圳出生，并在那里度过了幼儿园小班的快乐时光。中班时，由于父母工作调动，他转学至湖南继续幼儿园的学习。那时候，《小苹果》广场舞在湖南风靡一时，男女老少都热衷于跳这支舞。李梓墨也对它产生了浓厚的兴趣，不仅爱听，还经常跟着学，甚至录下视频发给远方的爸爸妈妈。他的奶奶是广场舞的忠实拥趸，每天晚饭后都会领着他去城南公园跳舞，这使他对每个舞步都了如指掌，节奏感也越发强烈。

五岁时，父母发现了他的舞蹈天赋，便送他去当地最有名的街舞机构学习。他热爱舞蹈，坚持练习，一直跳到十二岁。在跳舞的过程中，他展现出了出色的学习能力和坚韧不拔的精神。无论是小舞台还是大舞台，他都敢于站在最前面，引领团队。他参加了多次县级、市级少儿春晚的录制，还参加了省级的街舞大赛，获得了众多荣誉证书。这些经历不仅提升了他的自信心，开拓了他的视野，也锻炼了他的交际能力和领导能力。

上初中后，李梓墨被父母接到广州就读。虽然父母担心他会因为环境的改变而不习惯，但他很快便融入了新的生活，展现出了他的独立和勇敢。他在学习上取得了优异的成绩，同时也继续发挥他的舞蹈特长，得到了老师和同学们的认可。

然而，随着青春期的到来和环境的改变，李梓墨的性格也发生了一些变化。他变得更内敛，不再像以前那样积极主动。老师反映他在学习上虽然表现出色，但性格比较被动，不会主动报名参加活动。这让他的父母感到困惑和担忧。

经过与老师和孩子的深入沟通，父母逐渐明白了孩子性格变化的原因。他们意识到，孩子在每个年龄阶段都会有一些心理和行为上的变化，这是正常的成长过程。于是，他们开始更加关注孩子的内心世界，给予他更多的鼓励和支持，帮助他度过这一成长阶段。

如今的李梓墨虽然变得更加内敛，但他依然保持着对舞蹈的热爱和追求。他用自己的方式在成长的道路上不断探索和前行，努力成为更好的自己。父母也在他的成长过程中学会了如何更好地陪伴和引导他，让他能够健康、快乐地成长。

明白这个道理后，李梓墨的爸爸妈妈也开始注重孩子的习惯培养。他们认为，那些能在舞台上表现自如、能歌善舞的孩子，各方面都展现出了非凡的自信。于是，在一次偶然的机会中，他们在朋友的介绍下联系到我，知道我打造的“非同凡响—非凡电视小艺员”栏目组正在举办海选活动，能给孩子上舞台和上电视表演、歌舞等多方面的学习机会，这正符合他们的期望。

于是，李梓墨的爸爸妈妈抱着试一试的心态，给孩子报了名。参加海选的那天，李梓墨显得格外兴奋。现场人头攒动，海选按照先报到先排号的顺序进行。由于排序靠后，在等待期间，爸爸妈妈带着李梓墨四处参观了一番。他们看到训练教室里学生们正聚精会神地听课，那些孩子身上散发出的自信气质让李梓墨备受鼓舞。他们还看到众多优秀的老师耐心地进行示范和授课，专业的教室布置、严谨的舞台赛制，以及选手们在外场井然有序地排队等候入场的场景，都让李梓墨对这次活动充满了期待。

在参观的过程中，李梓墨的爸爸妈妈发现，所有参加训练的孩子们都表现得彬彬有礼。无论是课后嬉戏打闹时，还是在刚出电梯碰到指导老师时，孩子们都会恭敬地鞠躬并喊一声“老师好”。这种礼貌和尊重让李梓墨深受触动，他也下定决心要在今后的学习和生活中更加注重礼仪和修养。

他们很快就喜欢上了这里的环境和氛围，认为李梓墨在这种充满活力和良性竞争的环境中学习，必定能够取得更加显著的进步。当轮到李梓墨上台表演时，他第一次体验如此盛大的比赛场面。成百上千的孩子与家长注视着，众多专业的评委老师严肃而专注地坐着。此情此景，让李梓墨不禁有些紧张，他的声音在紧张中略显颤抖。尽管父母在旁边不断地为他加油打气，但他仍然有些底气不足，对自己的表现缺乏足够的自信。

幸运的是，有老师给予了他专业的指导和鼓励。在老师的鼓励下，李梓墨终于鼓起勇气，踏上了那个对他来说既陌生又充满挑战的舞台。他的表演赢得了观众的掌声，并成功通过了海选。

其实，很多男孩子都如同李梓墨一般，内心深处蕴藏着巨大的能量和潜力。只要稍加引导，为他们提供一个展现自我的舞台，他们便能够如同破茧的蝴蝶，绽放出耀眼的光芒。

入选后，李梓墨开始了他的唱歌学习之旅。起初，他的音调总是难以把握，唱歌时也缺乏情感的投入。但经过一段时间的刻苦训练，他逐渐掌握了发音的技巧，并学会了将情感融入歌声中，让歌声充满感染力。

第一次测试前，李梓墨和小伙伴们一同来到录音棚。为了呈现更好的唱跳效果，他们相互鼓励、相互学习，享受着音乐带来的快乐。录完歌后，李梓墨兴奋地跑回家，向父母详细描述录音棚里的每一个细节，他的眼中闪烁着对音乐的热爱和对未来的憧憬。

测试活动当天，李梓墨和小伙伴们早早地来到现场，他们一起化妆、等待、彩排。当轮到他们上台表演时，他们尽情地展示着自己的才华和魅力。表演结束后，他们相互拥抱、庆祝，为彼此的成功感到高兴。

一年后，李梓墨在栏目组已经成长为一个能歌善舞、舞台经验丰富的少年。他通过几次选拔，成绩一直名列前茅，最终成为了“少年风暴”唱跳组合的一员。他的母亲在谈到儿子的变化时感慨地说：“从那时候开始，我就看到了儿子前所未有的进步。这一切都离不开指导老师们的辛勤付出和小伙伴们的刻苦训练。那段时间，我每周六都会亲自接送他，看着他在教室里努力训练，从早到晚。虽然辛苦，但看到他在舞台上的表现，我觉得一切都值得了。”

后来，李梓墨还加入了我们公司的说唱班，进行系统训练。说唱班不仅注重技巧的培养，还强调个性表达和自我展现。一开始，他在舞台上有些拘谨，动作幅度不大，显得有些放不开。但经过专业老师的悉心指导和多次实践，他逐渐变得自信，愿意在舞台上充分展示自己的才华，无论是舞台上还是生活中，他都发生了翻天覆地的变化。

每个周末，他都会投入大量时间在训练中，从舞蹈到台词，从表演到互动，每一项他都认真对待，乐此不疲。他对此习以为常，热爱并享受着这种紧张而充实的训练生活。

此外，李梓墨的团队意识也令人称赞。他具有强烈的集体荣誉感和责任感，总是能积极与团队成员互相帮助、共同进步。在团队活动中，他总是乐于分享自己的经验，也善于倾听他人的意见和建议。这种良好的团队精神使他在团队中备受赞誉。

李梓墨被选为电视剧《会飞翔的孩子》的领衔主演，拍戏是他非常喜欢的，他自己在家里也喜欢拍视频，自己编剧情，自己拍，自己后期剪辑，有时候一个人饰演多个角色，他编了一段爸爸抓儿子玩手机的剧情，一会演表哥，一会演表弟，一会演儿子，一会演爸爸，从编到演到后期剪辑，足以看出他对电视剧拍摄的热爱和天赋，他妈妈把他自导自演的视频放到网上，播放量极高，还有很多人点赞，都夸他演技太棒了。

回首李梓墨的成长故事时，我们不难发现，他身上的自信并非与生俱来，而是在一次次的挑战与突破中逐渐积累起来的。这种自信，如同他舞蹈中的每一个节拍，坚定而有力，引领着他走向更加广阔的舞台。

【黄金法则】

青少年综合素质教育的九大黄金法则之“自信力”

自信是一种强大的力量，也是人类不可缺少的力量，能够改变一个人一生的命运。它能使强者更强，使失败者勇敢地应对挑战，使弱者变得无畏。

自信，是人生路上不可估量的动力源泉，是人生成功与幸福的先决条件。

自信力，就是自己相信自己的能力，它是一种素质能力，更是一种能量。它是对自己充满信心，遇事不乱，处事不惊，一种从容平静的心境；是一粒生命的种子，深藏在人心里，随时都可能发芽，并开出绚烂夺目的花朵；是一个人心中的灯光，时刻照亮人生的坐标，使人生的过程变得光明；是坚实的足迹，踏踏实实地踩出人生的大道，回望走过的路，心中依然自信。

自信和力量是成正比的。人生需要进取的力量，也只有具备足够进取力量的人生，才是激昂向上的人生。自信就是这种力量的沃土。

伴随自信同时出现的，常常是一些可贵的情感和品质。可以说，对于每个人，这些情感和品质与自信一样重要，譬如对生活的热爱、对高尚的渴望、对社会的无私奉献和对真理无止无休的追求。

《山东商报》曾报道，在当地的一座山顶上住着兄妹俩，他们是20世纪80年代搬到山上去的，始终过着与世隔绝的生活，被当地村民称为“野人”。他们依靠在外打工的二哥救济度日。有记者找到他们时，蓬头垢面的兄妹俩见到众人一脸茫然。无论大家如何询问，哥哥始终以“嗯”回答，而妹妹则一言不发。而且妹妹始终双手紧握在胸前，由于常年重复这个动作，掌心已被手指甲挖出了四个小坑。医生检查后发现，妹妹的病是一种废用综合征，很可能是受到了外界的某种刺激或侵害，才保持着双手紧握在胸前的姿势，犹如鸟爪一般，她的双手已失去了原来的功能。

此外，由于长期过着与世隔绝的生活，兄妹俩几乎失语。医生表示，即使现在开始治疗，也需要半年时间才能痊愈。大家通过深入了解才知道，导致这样悲剧发生的主要原因，是由于一家人都很自卑，当年这对兄妹俩的家在村子里是最穷的，父母总以为村里的所有人都看不起他们，非常自卑，每天都是低着头走路，而且全家人都隐居深山与世隔绝，后来父母生病去世，三个孩子自生自灭，二哥还好一些，自己鼓起勇气去外地做苦力打工，但大哥和妹妹因过度自卑，在成长的过程中养成了单方面接受别人给予他们食物和物品的习惯，没有生存能力。

由此可见，自信力也是青少年综合素质教育中至关重要的一部分。

【经典秘诀】

如何培养孩子的自信力？

自信的秘密是相信自己有能力。李白说“天生我材必有用”，每个人都有自己的特性和长处，值得看重和发挥。

秘诀 1　要相信孩子，让孩子做力所能及的事

作为家长，在孩子的每个成长阶段，都应该相信孩子，让孩子自己的事情自己做，不要一切包办。尤其应该从小培养孩子的生活自理能力，让孩子多做力所能及的事，比如三四岁时让孩子逐步学会自己吃饭、穿衣服鞋袜、如厕、饭前便后洗手、收拾玩具等，到五六岁可以进一步让孩子自己盥洗、洗袜子等。到了七八岁时，让孩子尽量学会自己做作业、做点家务、主动自觉地去上兴趣班等。放手让孩子去做，不仅能培养孩子的生活自理能力，还可以培养孩子的自信力。

但是，不能不切实际。中国人有一个根深蒂固的观念——望子成龙、望女成凤。父母总是依照自己的目标来要求孩子，而不衡量孩子的能力。父母要尽量接纳孩子本来的面貌，不要把孩子塑造成你所希望的样子，不仅要接受其优点，也要接受其缺点。不要时常对孩子做出负面评价，这样会使孩子误以为自己能力不足，而自暴自弃。鼓励孩子勇于尝试，勇敢地面对失败、面对挫折。最重要的是让孩子懂得，“自信力”并非父母或别人给的，而是从自己身上发掘的。

秘诀 2 教孩子不要小看自己，多给自己打气

自信的关键在于自己。如果你总认为自己不行，你是无法得到自信的。曾有专家说，中国式的教育一直认为，人的成长是不断克服缺点的过程，所以无论是老师还是家长，大多数时候都是在批评学生，让学生弥补最差的学科。

人才的价值在于充分发挥个人最大的优点。美国盖洛普公司研究人员发现：大部分人在成长过程中都试着“改变自己的缺点，希望把缺点变为优点”，但他们却碰到了更多的困难和痛苦；而少数最快乐、最成功的人的秘诀，是“加强自己的优点，并管理自己的缺点”。“管理自己的缺点”就是在不足的地方做得足够好，“加强自己的优点”就是把大部分精力花在自己有兴趣的事情上，努力发掘自己的优势，从而获得自信。

我从事艺术教育这么多年，几乎没有批评过学员，总是鼓励他们不要小看自己，相信自己是最聪明的，即使有些地方不如别人，也要相信自己通过努力，就能比别人做得更好。当然，自信只是一种感觉，我们没有办法用背书的方法去“学习”自信，而唯一靠“学习”提升自信的方法，就是以实例“训练”自己的大脑。所以，我经常教导学员，要得到自信，必须先学会多为自己加油，每天不妨想想，今天发生了什么值得自己高兴和自豪的事情？比如好成绩、帮助了别人、受到夸奖等，每天都有开心的事情，这些“小成功”慢慢就能提升自信。

秘诀 3 从成功里获得自信，从失败里增加自觉

孩子在九岁之前，对自己的优缺点一般没有什么意识，成绩好不好，会什么技能，对其情绪影响不大。但到了小学高年级和中学后，孩子的自尊心、思想等，就会比较敏感，如果长期多方面不如别人，容易形成不自信甚至自卑心理。

这时，一方面要帮助孩子挖掘优势，从小小的成功里获得自信，当孩子感受到自信时，无论多么小的成功，都会特别期望再一次得到肯定，只要坚持下去，孩子就会越来越自信；另一方面，要教会孩子勇敢面对失败，不自信的孩子一开始很多事情都做得不够好，如果再受到老师和家长的批评，对其打击会更大，所以要多鼓励孩子，让孩子有勇气去尝试新事物，让他们知道失败了也没有关系，勇敢面对就行。比如一个学习成绩不好的男孩子，参加街舞比赛时获了奖，很开心，但是他期中考试成绩不好，家长应该先多加赞赏，让孩子懂得自己也是有长处的，而不要拿成绩数落孩子“不务正业”。

只有当孩子明白自己也有长处，并产生了自信时，他才会坦然面对自己缺点带来的失败，甚至自觉地从失败中学习，认识到自己不适合做什么，然后进一步提升自己的自信和自觉。一个优秀的孩子，肯定同时拥有自信和自觉。

秘诀 4　教会孩子乐观大方，虚心听取他人意见

培养孩子的自信力，一定要在轻松愉快的环境中，要有份好心情。父母应教会孩子乐观大方，以身作则，比如家长在生活中遇到了困难，不妨常对孩子说：“没有什么事情是解决不了的。”然后，当着孩子的面，把问题解决了。当孩子遇到难题了，也说这句话，并协助孩子一起把难题解决了。长期说这句话，对孩子很管用，因为孩子越相信自己的能力，就越容易解决问题。

当然，培养时也要设定具体目标，循序渐进。比如有的孩子很害羞，上培训课时从不举手发言，学舞蹈或表演时不敢放开手脚。这时我总是鼓励孩子勇敢一点，大方一点，并和他们制定一个可衡量的、实际的目标：每天举一次手，或动作学得很完美，就有奖励，坚持一周和一个月，还有更大的奖励。然后，孩子就会慢慢说出自己的想法，乐意放开去练。一年后，他们都有了足够的自信。

此外，我们必须明白，自信绝非自我偏执、不容许自己犯错，或过度以自我中心，失去客观的立场。有的孩子表现得无比自信，一旦证明其某句话是错的或做错了事，他们就会从根本上否认此事。这种自傲或不自觉的“自信”，其实比不自信更加危险，容易走极端。所以，我们既要培养孩子的自信，也要教会其虚心理解和接受他人的意见，这样才能持续提升孩子的自信。

秘诀 5　牢记青少年综合素质的关键要素

在我看来，身心健康的孩子必定自信，思想品德好的孩子必定自信，大胆说话、口才能力强的孩子必定自信，文化知识掌握得多的孩子必定自信，多才多艺、吹拉弹唱跳样样精通的孩子必定自信，健康阳光、形象气质充满正能量的孩子必定自信，有自学能力、爱钻研、求知欲强的孩子必定自信，懂得发掘自我、学以致用的孩子必定自信……因此，务必牢记这些要素去培养孩子。

第三章

人格教育：决定孩子人生上限

你看到了孩子，也就看到了自己，你教育孩子，也是教育自己，并检验自己的人格。教育孩子不是宠，是你要他成为一个什么样的人。

——苏联教育家　苏霍姆林斯基

【我的故事】

决不“跑路”，艰难闯入影视圈

人生就像鸟儿在空中飞翔，忽高忽低。

2006年，由于电子商务发展迅猛，大量服装企业开始转为网络销售，而网络模特对颜值要求非常高，我培养的“平民模特”渐渐被客户淘汰。市场的变化让我心急如焚，加上珠三角的模特公司越来越多，必须转型升级才能活下去。

于是，我扩大了公司面积和规模，花光了所有积蓄进行装修，采购了大批专业舞台设备，招聘了专业人才，目的是想打造一家高颜值的时尚模特公司。

然而，激烈的行业竞争，以及2007年美国次贷危机波及东莞很多出口企业，使我的客户越来越少，公司运营更加艰难，最终因资金链断裂不得不倒闭。

被洗牌的不仅仅是我，2008年初，很多模特公司都关门了。我也欠下一大笔客户款和员工工资，由于当时东莞的模特市场鱼龙混杂，行业很不规范，只要我愿意，是可以“跑路”的。但是，我的父亲去世早，妈妈从小就教导我，诚信是做人的基本原则，一定要有好的品德，千万不要做坑蒙拐骗的事情。

所以，我毅然卖掉了房子和车子，还清了所有债务，再次变得一无所有。

这次创业失败对我的打击巨大，但我没有气馁，我发誓要重新展翅高飞。

有一天，之前在我公司工作的主管小曹，打电话给我说：“李总，得知您公司倒闭了，我也很难过。如果您目前没啥事的话，就到我的演艺公司来做顾问吧……”他给我开出了不低的待遇，我问他，为什么帮我，他说：“李总，以前跟了您那么久，知道您是个好人，能力也非常强，只是时运不济而已，也算是我报恩吧。”

如果是别人，可能无法接受这样的现实——去帮曾经的手下打工。可 27 岁的我当场就答应了，因为我是一个能屈能伸、拿得起放得下的人，我要从头再来！

我也明白，名义是做“顾问”，其实就是帮忙接业务，因为演艺公司最重要的是资源。所以我到小曹的公司后就担任了业务总监。之前，小曹给我打工，现在，我给小曹打工，这种影视中的戏剧性情景却真实地发生在我身上。但我别无选择，唯有用实际行动证明自己没有倒下，为此我天天加班，帮助小曹的公司业务量飙升，模特、礼仪、演员、歌手、主持等各种活动策划我都有涉及。

有一次，有个客户介绍我与南方电视台 TVS4《真实故事》剧组导演合作，提供演员给剧组挑选，我按照流程准备好对方要的演员，和导演一起挑选时，差一个男主角始终没选出来，导演和我找了好多人，但导演始终没选中。突然，导演灵光一动，说：“找到了，找到了！”我问：“谁呀？你要哪一个？”导演竟指着我笑道：“就是你。”我惊讶不已：“怎么会是我呢？”原来，在合作的过程中，导演发现我为人诚实、勤奋上进，而且我的年龄、微胖的身形与男主角也相符，最主要的是，导演在闲聊时了解到我是湖南人，刚好男主角需要带点湖南口音。不过，导演说：“这个角色演的是一个反面人物，对你可能不是很好，因为你本身是一个诚实、正能量的形象。”我听了，赶紧说：“没关系，我就想突破一下自己！”

我虽然从小学的是绘画设计艺术，却也曾有一个荧屏梦想。于是，我按照剧组要求，做了一个乱糟糟的发型，换上了花衣服，开始了“人生中的第一场戏”。没想到，从未学过演戏的我，竟演得出奇地好，导演连连竖大拇指说太棒了。

不久，我成功“主演”的短剧在南方电视台 TVS4《真实故事》播出，并被其他电视台以及网络媒体转播……这次拍摄经历和“一夜成名”的欣喜，给了我很大的触动，拍戏做演员虽然辛苦，但有趣，让人充满激情。而且，专业表演能进一步提升我的胆量、口才、学识、自信、应变能力、适应能力、模仿能力等综合素质。

还有一次，东莞电视台《家园》栏目剧组工作人员找到我，想让我演男一号，一个外来人在东莞打工、创业、结婚的励志故事。我很高兴地答应了，为了演好戏，我做了充分的准备，甚至让老家的母亲帮我寄来了 10 年前我刚出来打工时的旧衣服和旧箱子，以还原我曾经的状态。我开开心心地去了剧组，第一场戏导演觉得非常好，但到第三场时，有一段难记的台词，加上受灯光和外部因素的影响，演了 20 遍还是过不了。导演在旁边频频摇头，我也急得汗流浃背，没办法，导演只好让整个剧组停止工作，单独跟我说：“你回去吧，下次有戏再叫你！”

当时我很难过，自己曾经好歹也是个老板，如今却连一场小小的戏都演不好，是不是太失败了？但是我仍没有灰心，回去后总结了自己失败的原因——我不是专业演员，没有学过专业的影视表演，最主要的是台词口才能力欠缺。

于是，我开始查找那些著名演员的资料，认真研究学习，比如王志文、陈道明、李幼斌等，发现他们个个口才一流，台词功底非常了得。为了把口才练习好，我工作之余经常在家里边播放影视剧，边跟着剧中人物念台词，每天早晨起来都对着镜子表演，训练面部表情，还通过绘画、唱歌、乐器等进行训练。

2008 年 6 月，我终于迎来了一次非常难得的机会——与香港明星蔡少芬和张智霖合作出演《胜者为王之金钱本色》，虽然我扮演的不是什么重要角色，但我同时也是剧组的副导演，近距离地从明星身上学到了很多做人做事的道理。由于我工作起来很有条理，安排演员及时准确，演戏也非常认真，得到了大家的认可。

渐渐地，我在影视圈也小有名气。

2009 年，我参演了《快乐童年》（主演梁家辉）、《厨缘》（主演吴孟达）等多部影视作品。同时我还策划了各种大型文艺晚会、汽车展、童装新品发布会等活动，并兼任汽车模特经纪人、《超级宝贝》小演员经纪人等。

我觉得这一切是有缘由的。我能够从低谷再次迎来人生转机，正是源于我一直在坚持做一个讲诚信、正直、善良、人格健全的人。

正如俗话所说：善良的人有福报，才会广结善缘，得到贵人的相助。

【名人的故事】

时代楷模张桂梅：光芒万丈的人格力量

她命运坎坷、浑身是病，却几十年如一日地坚守山区教育事业，用生命书写使命，创造了大山里史无前例的“教育奇迹”，彰显了她伟大的人格力量。

我从小就梦想当老师，虽未能成为体制内的教师，但庆幸的是，后来我做了一名综合素质教育工作者。我最敬佩的是那种充满人格力量的教育工作者。比如被评为“时代楷模”“感动中国2020年度人物”的张桂梅，我看了她的纪录片和颁奖视频后，感动得泪眼模糊、情难自禁。

张桂梅出生于黑龙江一个满族农民家庭。她还很小的时候，母亲就病逝了。10多岁时，她跟随支援边疆建设的姐姐来到云南省中甸县生活。

后来，她在当地一边参加工作一边努力自学，并考入丽江市教育学院读书。毕业后，她随丈夫调到大理白族自治州喜洲一中做了一名普通教师。

但不久，她的丈夫就因癌症去世。她主动要求调到地处偏远的丽江市华坪县中心学校教书。1997年，她因教学工作出色，被调到华坪县民族中学担任初中三年级班主任。几个月后，她被查出患有子宫肌瘤，且肌瘤已经有5个月胎儿那么大，需要立即住院治疗，最终是当地政府多方努力、百姓踊跃捐款救了她。

为了报答社会，她更加卖命地工作。除了当教师，2001年，她还兼任了新建的华坪县儿童福利院的院长。第一天，福利院就收了36个孩子，最小的仅两岁，最大的 12 岁。此后，她每天上完课，还要照顾这些幼小的孤儿。

2008 年，一直想报恩的张桂梅创办了全国第一所女子免费高中——华坪女子高中。她的梦想就是让山里所有因贫困而辍学的女孩子继续接受高中教育。

为什么要办女子高中呢？因为在担任福利院院长后，没有儿女的张桂梅把所有母爱都倾注给了这些孤儿，她也了解到这些孩子有不少是因为父母不想要女孩而被遗弃的。在她任教的华坪县民族中学，有不少来自偏远山村的女学生也因为贫困或偏见而辍学，有的被叫回去干农活、打工，有的是父母收了彩礼后就让孩子结婚。这样的现象，让她十分痛心那些女娃的命运。

在一次家访途中，张桂梅看到一个女孩坐在山头，忧愁地望着远方，身旁放着一个箩筐。她上前询问得知，女孩才十三四岁，父母为了 3 万元彩礼要她辍学嫁人。张桂梅当场就想带女孩走，但女孩母亲以死相逼，她无奈只能放弃……

目睹一幕幕悲剧后，张桂梅更加坚定了自己的信念——不管中考分数高低，只要愿意读书，女孩们都可以来她这里免费读书，她要拼尽全力帮助女孩们考上大学、走出大山，通过知识改变命运。她认为，一个女孩可以影响三代人：如果能培养有文化、有责任的母亲，大山里的孩子就不会辍学，更不会成为孤儿。

为了办这所免费的女子高中，张桂梅历尽磨难。她曾连续 5 年利用寒暑假时间去昆明街头募捐，把自己获得的各种先进、劳模奖状拿出来作证，但很多人不理解、不相信她，有人说她是骗子，她还曾被人当面吐口水，甚至被放狗咬过。

直到 2007 年，她被选为党的十七大代表，穿着破旧的衣服去北京参会，被一位新华社女记者发现她的牛仔裤上有两个破洞。那位女记者了解她的身世、经历和梦想后，感动不已，两人从傍晚一直聊到深夜，边哭边聊，边聊边哭。

不久，经新华社报道后，张桂梅的梦想很快成了现实，华坪女子高中正式挂牌成立。尽管学校最初没有围墙，没有食堂，甚至没有厕所，却在第一年就收了 100 名学生入学。从那以后，她废寝忘食地为这所学校奋斗，早上 5 点 30 分起床，晚上 0 点 30 分才睡觉。简陋的办学条件，高负荷的工作节奏，让很多老师、学生打了退堂鼓。半年内，17 名老师有 9 人相继辞职，学生也有 6 名退学。但她没有放弃，苦口婆心地去说服老师和家长。

作为一名校长，她从未放弃任何学生，工作再忙，身体再差，她都会坚持去家访。她的足迹遍布丽江市一区四县，行程超过 10 万公里。她这样做，就是想及时了解学生的家庭情况和心理状态，确保每个孩子都能专心学习，顺利考上大学，改变自己甚至整个家庭的命运。许多学生家在偏远山区，她都是搭老乡的拖拉机或徒步往返，有的村民不忍心，让她坐在自家的马背上走出山沟……

十几年来，有近 2000 个贫困女生从华坪女子高中毕业，学校每年高考升学率 100%，本科上线率稳居丽江市前列。女孩们有的考上了名牌大学，有的走上了医生等岗位，有的从师范院校毕业后回到了母校任教。

2020 年 12 月，中宣部授予张桂梅“时代楷模”称号。不过，由于长期高负荷操劳，60 多岁的她被医生诊断出患有骨瘤、血管瘤、肺气肿、小脑萎缩等 17 种疾病。她数次病危入院抢救，体重从 130 多斤掉到 90 斤，饱满的圆脸瘦成了干瘪的尖脸，甚至连从椅子上站起来都需要人搀扶……

即便如此，每次只要一出院，她总会第一时间出现在熟悉的校园。在生命垂危之际，她心里仍只有学生。

工作数十年，张桂梅没有任何财产。她至今仍和几名女学生一起住在学校的一间女生宿舍里。几十年的工作收入，除了看病吃药，她捐出了上百万元。

华坪女子高中的校训是：刚强，勤敏，宽厚，慈惠，知礼，质朴。这是张桂梅亲自写下的，也是她一生的写照。

张桂梅说："我对每一位学生的期望，不是一定要考上名牌大学。但我希望她们变得更强，然后把心中的'我'去掉 80%，有能力去帮助那些需要帮助的人。"

庆幸的是，大山的女儿们没有让张桂梅失望。在她们大学毕业后，绝大多数人选择了军警医教等行业，将张桂梅的大爱精神和信念薪火相传。

这就是光芒万丈的人格力量，这就是无私奉献的真正信仰。

张桂梅太伟大了，她用瘦弱的身体，扛起了大山女娃的人生希望，改变了她们的命运，也展现了新时代中国女性的自尊、自信、自立、自强的力量。

人格力量，是一种特殊的教育力量。俄罗斯教育家乌申斯基曾说过：教育力量，只能从教师的活的人格源泉当中来。作为教育工作者，一定要饱含"人格力量"。

所谓"人格力量"，就是指人的内在精神因素在实践中产生效应。其实就是"人格美"，其核心就是"身正"，正如日常赞扬一个人的人格魅力时，常用"其身正，不令而行；其身不正，虽令不从"来形容。这是教育工作者最基本应具备的"人格美"，每一位教育工作者都要有效地履行职责，实现思想政治教育的目标，除了依靠真理的力量外，最重要的就是通过高尚的人格力量。

【新生代的故事】

罗梓鸣：懂得感恩的孩子走得更远

成长道路上，要让孩子感受到感恩的重要性，让感恩成为爱的最好方式。

罗梓鸣是我公司“HONEY 蜜糖少女”组合的成员。她出生于 2012 年，非常可爱，在组合中是“萌娃担当”角色。她的萌，来源于内心的善良和纯净。

梓鸣有一位好母亲。妈妈一直陪着她一起成长。梓鸣一出生，妈妈就开始计划着如何培养孩子。由于梓鸣的爸爸工作很忙，每个月几乎没有休息时间，所以孩子的成长全靠妈妈来负责。梓鸣的妈妈告诉我们，对孩子的教育，她其实也是“白手起家”，在情绪低落的时候，也曾有些退缩，甚至产生了不想带女儿的念头，但后来朋友的一句话，“你将就孩子，孩子就会将就你”，让其彻底改变了想法。于是，妈妈下定决心要好好地陪伴、培养梓鸣。

梓鸣妈妈说，除了自己在家每天陪孩子玩、欢唱、读书外，她还让梓鸣从小学体操、画画等。这使梓鸣想象力丰富，爱提问，比如天上飞的、地上爬的、水里游的，梓鸣都想去探究。对于女儿的爱好，妈妈也从不横加干涉，只是适时提醒孩子要学会取舍，合理安排时间，让孩子学会自己做主，在热爱中学习、成长。

对孩子的培养，梓鸣妈妈更看重的是综合素质能力的提升。她说，除了让孩子学一些兴趣特长外，更希望培养梓鸣的良好性情、健康身体，和一颗热爱祖国、关爱他人、懂得感恩的心，这些健全的品质人格尤为重要。这也是妈妈送梓鸣参加小艺员训练的初衷。

记得罗梓鸣第一次来参加小艺员海选比赛的时候，妈妈比孩子还紧张，在场外不断地询问工作人员，因为竞选的孩子很多，竞争非常激烈，她生怕梓鸣表演时出错、被淘汰。当时有个细节让我记忆深刻，梓鸣在上台前，妈妈紧紧地拉住她的手，她发现妈妈很紧张后，竟反过来用小手抚摸、安慰妈妈："妈妈，你怎么手心里全是汗呀，放心，我能行，你不用担心！"

经过几个小时的比赛，梓鸣顺利地被录取，妈妈这才放心地笑了。

梓鸣参加训练后，妈妈非常担心她在课程中能否适应强度，经常与我们沟通。从专业角度来说，梓鸣开始学得比较辛苦，相比其他优秀学员水平要低些，因为梓鸣从小是学体操的，对声乐没有专门的学习，但她又想学习声乐，根据课程计划，训练三周时间就要参加第一次音乐舞台表演，难度和强度非同一般。那段时间，在每次训练、录制节目或考核当中，梓鸣由于紧张经常卡壳，导致节目不断地重录，她自己也感到很多地方做得不好。但她特别认真，还向老师和妈妈许下诺言，会更努力练习，争取做得更好、唱得更优秀、跳得更出色。

梓鸣妈妈说，女儿每次上完训练课回到家后是母女俩最开心的时光。因为女儿会把在当天训练所学和发生的一切滔滔不绝地告诉她，还会把最厉害的表演展现出来。不管是当天得了一朵小红花的喜悦，还是被老师批评了的委屈与不安，梓鸣都愿意与妈妈交流。而妈妈在感受到女儿的快乐、烦恼、迷惑后，都会第一时间帮助孩子用智慧去分析现象、明辨是非，让孩子学会自己解决问题。每次妈妈都让孩子先说自己的感受，然后问她该怎么做，有没有更好的解决办法等，一步步地引导、鼓励、安慰孩子，共同进步。

正是妈妈这样耐心、细腻的陪伴和培养，使梓鸣深深感受到了妈妈的爱，并自觉、努力地参加训练，给了妈妈许多意料之外的惊喜。

几个月后，在指导老师们的严格要求和精心训练下，罗梓鸣战胜了困难，成功完成了学习目标，晋级进入精英班。之后，她更加努力学习，坚持每天练习唱歌跳舞，还在家里制定了学习目标，保证每个月月考都能考出好成绩，许诺坚决不能让自己被淘汰、退出团队。尤其是在参加几次舞台表演并获奖后，她更懂事了，经常向家人表达感激之情，说要报答爸爸妈妈。

孩子能有这样的变化，让罗梓鸣的妈妈特别欣慰，多次写信向我公司的指导老师和工作人员表示感谢，说相信梓鸣在今后的人生中一定不会忘记在训练当中的成长经历，不会忘记导师们的教导、启迪、关怀和关爱……

常言道，家教决定孩子的出息，门风决定孩子的教养。最好的教育是家教，最好的气质是教养，最好的爱是学会感恩。我也相信，一位崇尚感恩的母亲，一定会教育出懂得感恩的孩子，罗梓鸣一定能在梦想的天空展翅翱翔，在音乐道路上越来越优秀，走向美好的未来！

【黄金法则】

青少年综合素质教育九大黄金法则之“人格力”

人格力，是指人的品行、性格、能力、气质等方面具有的吸引人的魅力。

很多年以前，有一位学大提琴的年轻人去向伟大的大提琴演奏家卡萨尔斯请教：我怎样才能成为一名优秀的大提琴家？卡萨尔斯面对雄心勃勃的年轻人，意味深长地回答：先成为优秀而大气的人，然后成为一名优秀和大气的音乐人，再然后成为一名优秀的大提琴演奏家。卡萨尔斯的意思就是，人格的魅力永远是第一位的。

古往今来，伟人都将“德”放在首位，伟人的力量首先是人格的力量。

奥地利心理学家阿尔弗雷德·阿德勒说，决定孩子一生的，不是成绩，而是人格教育。他认为，孩子的人格力的形成，受其家庭环境尤其是父母的教育教养方式的影响颇大，从某种意义上来说，父母从小对孩子的人格教育，决定了孩子的人生上限。

在饭桌上，孩子的用餐行为，不仅仅代表着孩子的饭桌礼仪，更代表着这个家庭的教养。别小看这些日常行为，孩子将来什么样、做什么工作、和什么样的人结婚、取得哪些成就等，都和小时候父母的教导密不可分。

人格教育最好的方式，就是让他们通过体验而学习。经历能够唤醒沉睡的心灵，只有体验过的才能变成自己的，并且最终成为生活态度的彻底改变，给孩子一个完整的人格和丰富的内心世界。这就需要家长花时间陪伴和引导孩子去体验生活，让他们去感受自尊、自强、诚实、善良、关爱等各种人格力量。

【经典秘诀】

如何培养孩子的“人格力”

家庭教育是人生的启蒙阶段，对孩子的影响，往往比学校教育和社会教育更为深远。尤其是社会上的竞争，不仅仅是成绩和知识的竞争，更多的时候是人的意志、心理状态、人品等方面的较量。

作为一个文明古国，我国的传统文化非常重视人格教育。古往今来，从小就受到人格教育和理性熏陶的孩子，长大了往往也会成为在言行上礼貌周到、进退有度、能在纷杂的社会中辨别和吸取有效信息的人。所以，身为父母，应该从小教导孩子正确做人做事的观念，提升人格力，这才是父母最大的教养责任。

秘诀 1　培养孩子的爱心

爱是整个人类社会的基石。我们应让孩子从小学会爱，爱自己、爱他人、爱父母、爱兄弟姐妹、爱国家、爱世界等，让孩子多接触真、善、美的东西。

比如父母平时可以多陪孩子玩游戏、聊天，让孩子感受到爸爸妈妈的爱和家庭的温暖。家长也要做好爱心的示范，以孝敬老人、乐于助人等行为言传身教。我们在培训学员时，也会注重这方面的培养，比如看到别人摔倒了，便可以启发孩子：“你如果摔倒了，是不是很疼？快去帮帮他，扶他起来。”让孩子具备感同身受的能力和一颗怜悯之心。

如果一个孩子能渐渐懂得爱，能感受到爱，能给予别人爱，那么长大后孩子就容易成为一个心术正、品行端的人。所以，家长一定要在孩子小的时候，把爱的种子播种在他们柔软的心灵上，呵护这颗种子发芽，并让这颗爱的种子茁壮成长。

秘诀 2 培养孩子的责任心

责任心是指个人对自己和他人、对家庭和集体、对国家和社会所负责任的认识、情感和信念，以及与之相应的遵守规范、承担责任和履行义务的自觉态度。

作为家长，我们可以把责任心从小根植在孩子的内心，把孩子培养成为一个身心健康、人格健全、敢于担当的人。培养孩子的责任心，不需要大张旗鼓，可以在日常生活中潜移默化、润物无声。比如孩子做错了事情，就要承担后果，受到惩罚；也可以让孩子学着照顾老人、参加一些志愿者活动等。

孩子学会了承担责任，就能拥有主宰生活的能力，将来才能独立在社会上生存。

秘诀 3 培养孩子的善心

善心与爱心是有区别的。爱心是一种奉献精神，一种关怀、爱护人或其他生命的行为。善心是指善良的心意，是对人或事表现出的一种好的心态、好的思想。

教育孩子时，我们要让孩子坚信，真善美终将永恒，假恶丑只是暂时。尽管这个世界还有很多不完美的地方，但不能因此就放弃对孩子向善的教育。孩子从小向善，成人后最起码不会无端作恶，遇到恶的时候也会运用善的力量去化解。

善良是人格的根本。一个人只有善良才能够向上，有善才会有德，有德才能向上。正如哲学家所说：“在一切道德品质中，善良的本性在世界上是最被需要的。”失去了善良，也就失去了道德，人生就会走向邪恶。

秘诀 4　培养孩子的独立思考和判断能力

美国心理学家科尔伯格认为，人的道德观是习得的，而且道德发展在一定程度上取决于儿童思维和推理能力的发展。道德发展始于童年，并且一直持续到成年。

随着自我控制能力和抽象思维能力的增长，道德观在青少年时期变得明确起来。孩子的成长是个社会化的过程，他们终有一天要走出家庭、走向学校、融入社会。所以，培养孩子独立思考和判断的能力，也是家庭教育的重要任务。

比如中小学阶段的孩子，开始具备初步的逻辑思维和独立判断能力。这时，父母可以跟孩子讨论更多日常生活中的话题，鼓励孩子发表自己的见解，在互相探讨的过程中引发孩子的独立思考，运用一些话题来拓展孩子的思维。同时，我们还要鼓励同龄孩子之间的互相探讨，让他们站在孩子的角度进行思考和判断。即使他们对某件事情有些不正确或不合理的见解，我们也只能尽量引导孩子形成自己的价值观，而不是凭借大人的权威，将自己的观念强加给孩子。

另外，作为家长，我们要学会引导孩子，告诉孩子："你不需要'变得特别'才能与众不同，因为你本身就是独一无二的！"如果父母能长期以这样一种鼓励、温和、关爱和理解的方式来培养孩子的人格力，孩子一定会变得积极向上。

第四章

高效自律：怎样才能永不偏航

倘若你想征服全世界，你就得征服自己。自控力是人生的方向舵，使你的人生之舟避开暗礁、漩涡，永不覆灭。

——俄国文学家　陀思妥耶夫斯基

【我的故事】

不忘初心，进军少儿影视大显身手

在人生的道路上，是否有自律力对成功与否有很大的决定性因素。只有把握好自己的自律力，才能让自己在每一个奋斗的路途中走得更好、更幸福。

自律，是一种能力，更是一种境界。

老子曰："知人者智，自知者明。胜人者有力，自胜者强。"也就是说，能了解、认识别人叫作智慧，能认识、了解自己才算聪明。能战胜别人是有力的，能克制自己的弱点才算刚强。一个人要想成功，就要学会自律，自己要战胜自己。

无论是开模特公司，还是创业失败后转型做演员，我觉得我自己都是有定力的，我明白自己擅长什么、想要什么，懂得自我控制、自我要求，这让我之后的发展之路越来越明晰。

2009 年 10 月，正在我四处"走穴"做演员时，我接到了一个深圳"贵人"的邀请——以前拍戏时见过几次面的华南某电影电视传媒集团董事长黄先生，他是有名的制片人、导演。黄先生在电话里说，他通过业内圈子里的朋友了解到我的为人、能力、口碑等各方面都不错，希望我到他的公司去做项目经理。

当时我在影视圈做演员虽然小有名气，但是业务量和收入并不稳定，主要是我没有从小学习演艺，技术功底还不够深。身为导演的黄先生也给我提过建议，说我参演的那些青少年电影电视节目都不错，可以在少儿影视领域多下功夫。当时我已年近 30 岁，不可能总在少儿影视作品中做演员，所以他建议我去学做少儿影视的导演，培训童星演员，拍一些少儿影视作品，这才是长久之计。

黄先生的提议让我深受启发。而从事教育工作正是我曾经的梦想，这个初心促使我放弃了做职业演员的想法，转而进军少儿影视。

黄先生的电影电视传媒集团成立于 2008 年，总部位于深圳市罗湖区，他的目标是打造中国最具实力的影视传媒及童星品牌。我应邀到那里后，黄先生一边带着我四处参观，一边介绍公司的经营理念和远景，并真诚地邀请我加入集团的卓越团队。我当时很激动，觉得这家新公司非常有发展前景，就欣然答应了。

我先是对集团企业文化和业务项目及市场运作做了全面的学习，了解到公司主要是做少儿模特培训、唱歌、跳舞、主持、艺术类培训教育等项目，这跟我以前的经历有很多相似之处。

我做人做事都非常自律。从上班第一天起，我每天都第一个来公司，最后一个下班离开，几乎每天都加班到晚上 11 点，还经常通宵。在公司大会上，我屡屡得到领导的表扬。有一次，有个同事对我说："你新来的，什么都不懂，没必要这么卖命吧！"我没有多做解释，依然兢兢业业。

不到 3 个月，我由于工作认真刻苦、每次都出色完成任务，尤其我参与策划的几个创意项目使部门业绩飙升，赢得满堂彩，我与公司同事相处也非常融洽，经公司领导研究决定，任命我为公司运营总监。

升职后，我发现公司有很多职位的工作内容并不明确，导致有些人员工作散漫，一些管理制度也有漏洞。毕竟，我也曾管理过好几十人，有这方面的经验，所以我决定进行一系列"改革"。我写了一份非常细致的运营策划书，交给黄总看，黄总看了策划书后非常满意，只做了些许调整就审批通过了，并让我严格执行。

所幸的是，我的“改革方案”得到了公司所有人的认可，大家都非常积极地配合，在这种新制度的管理下，整个公司的效益突飞猛进，口碑也越来越好。

2010年，由于我在时尚模特界、影视圈有不小名气，某电视台少儿栏目找到我，希望请我培养的“平民模特”陆瑶去做节目嘉宾，我不久就联系陆瑶一起到电视台录节目。在节目现场，很多孩子听了陆瑶的成名史后，都说要跟我学习模特表演，家长们也很热情地表示支持。就这样，我很快进入少儿模特、影视等领域，并热衷其中。

2011年，我被提拔为公司总经理。那段时间，我很忙，也很累，当时还有时尚模特界、影视圈的一些项目都被我推掉了。因为我知道，当一个人疲惫时，自控力就会下降，自控力下降，做决策时容易倾向眼前的诱惑和短期的利益，而忽略长期的健康发展。

所以，作为一名公司管理者，我那段时间特别注重控制自己，做事非常理性，牢记进公司时的“使命”。我还写了一份关于如何培养影视小演员的计划，因为我回想起自己前几年做演员的经历，拍影视剧能在各个方面改变一个人，我认为，通过让小朋友做演员的方式，可以很好地提高他们的综合素质能力。

黄总看了我的详细计划后，连连点头：“很不错，可以执行，关键是要得到市场认可。”不久，我便开始实施培养小演员的计划。

但是，招募小学员的工作刚开始时异常艰难。一次，我带着团队去某学校与校领导沟通，希望在学校举办一次招募活动，没想到校领导还没听完就拒绝了：“一群小学生能演什么？他们的任务就是好好学习，你走吧，不要让这种浮躁之风来扰乱他们宁静的世界！”被校领导轰出来后，我心里很不是滋味。

还有一次，我们去某小区做宣传，很多家长也不相信：“屁大的孩子，真可以做演员上电视？”我们费尽口舌，始终没几个家长给孩子报名。屡屡受挫，使我头痛不已，这时我才体会到黄总那句“关键是要得到市场认可”的真正含义，要想实现这一想法并不容易。

怎么办呢？我左思右想后觉得，萝卜青菜各有所爱，少儿教育也一样，总有一些家长会认可我的想法。为了更精准地找到客户，我想到了一个比较可行的办法——专门去那些开少儿培训班的地方宣传，有时还和美术、音乐、舞蹈等各种少儿培训班合作，举行座谈会，向家长们讲解“做小演员为什么可以让孩子的胆量、自信、口才等综合素质得到提升”。

我常常跟家长们说，当今社会，做模特、主持人、歌手可能是很多孩子的梦想，但是，相对来说，做演员对孩子更有吸引力和塑造作用，也更有前途，因为人们对影视演员和荧屏都比较向往，中国的影视产业已成为娱乐之首；尽管成为明星不容易，不说远的，仅仅是做小演员，对孩子的教育本身也是有很大积极作用的，因为拍戏非常神秘、好玩、具有挑战性，既能满足孩子的好奇心、探索心、爱玩心，又能让孩子在各种表演中变得更自信、更有毅力、想象力更丰富、语言表达能力更强、应变能力及思维能力更强等。

功夫不负有心人。在坚持不懈的努力下，我的计划和理念渐渐得到了市场认可，很多家长愿意让孩子跟着我学表演。而黄总也和深圳电视台 DV 生活频道达成战略合作伙伴协议，我们公司作为深圳电视台新媒体独家运营商，为电视台增加了《智慧学堂》《童星大本营》《童星剧场》等少儿电视节目，这让我的计划实施拥有了便利的条件，也为小朋友提供了做小演员、电视小主持的广阔平台。而我作为一个少儿影视导演、童星经纪人，也可以大显身手了。

每当回望那段经历，我常跟孩子们说，术有专攻，业精于勤，一个人定下某个目标后，千万别三心二意，一定要自律、自控、自制，才能实现目标。

【名人的故事】

影视明星钟汉良：自律的人生更精彩

唯有自律，使我们与众不同，令我们活得更高级。

真正的爱自己，是自律，是管得住自己，然后把自己变成想要成为的人。

钟汉良主演过《最美的时光》《天龙八部》《十月围城》《勇士之城》《宠爱》等热播电视剧，被誉为“钟（终）级男神”。

不过，很少有人知道，他曾是一个“负二代”，足足奋斗了20年，才实现了后来的辉煌。而这一切，主要源于他拥有的超强自律力。

钟汉良祖籍广东省惠州市，1974年出生于中国香港。当时，他父亲是一家大型印刷厂的老板，身家不菲。由于家境宽裕，儿时的他无忧无虑，特别顽皮。可是，他读初二时，父亲的企业因负债累累倒闭，他一下子从富二代变成“负二代”。

家境变故，让钟汉良一度变得迷茫、消沉。后来，为了还债，他父母进了债主的工厂上班，两个姐姐也先后辍学。看到这一切，上中学的他渐渐变得坚强。不久，他开始半工半读，严格要求自己，每到周末和寒暑假，每天早上他主动去给发行公司送报纸，中午到餐厅做服务员，晚上还加班洗碗、洗厕所……

那时，除了替家里还债，他心里还藏着一个梦想——跳舞。他从小就喜欢跳舞，但父母一直觉得那是不务正业，要求他专心读书。20世纪90年代初，他在一家物流公司兼职当快递员，当时香港“四大天王”很红，他和几个年轻的工友很喜欢跳霹雳舞，经常模仿“四大天王”跳舞。后来，他越来越喜欢跳舞，虽然高中毕业就没有上大学了，但是他考入了香港无线电视台的舞蹈训练班。

为了证明自己，他在训练班刻苦学习，严于律己，进步飞快，半年后便获选担任香港无线电视台专属舞蹈艺员，经常在大型电视晚会上为当红歌星伴舞。1993 年，表现突出的他被香港无线电视台选中当演员，在电视剧《少年五虎》中饰演主演钟镇涛年轻时的角色。这部电视剧播出以后，他在观众当中很快有了一定的知名度。

1994 年，钟汉良先后参与了香港无线电视台的电视剧《第三类法庭》及《亲恩情未了》的演出，并开始主持综艺节目《K-100》。这时，他年仅 20 岁。父母见他为了理想如此努力，也取得了一些成绩，感到很欣慰。

1995 年，钟汉良为中国台湾歌手邰正宵在香港举行的演唱会伴舞。当时，邰正宵是台湾艺能动音唱片公司的王牌歌手兼作曲和监制，承担着挖掘新人的重任。他十分看好钟汉良的潜力，建议他去台湾发展。

钟汉良很犹豫，他刚刚在香港演艺圈有点小名气，此时离开香港，未免有些可惜；可是在香港无线电视台，每月只能拿几百块薪水，演戏也只能出演配角，片酬还会被抽去大头。他永远也不会忘记，当初选择闯荡演艺圈，除了对舞蹈的热爱外，更是为了帮父母还清债务，并资助妹妹读完大学。想到这里，他决定去台湾，他想，有邰正宵这样的大牌明星指点，自己肯定更容易实现梦想。

不久，钟汉良只身来到台湾，拜邰正宵为师。他从未去过台湾，这里的一切对他来说都是完全陌生的。他第一次真真切切地体会到什么叫前途未卜……

可是，此时的他已经没有退路了，他只能每天逼自己硬着头皮往前冲。为了省钱，他租住在一间楼房顶层加盖的阁楼，冬天冷、夏天热，而且空间特别狭小，身高 1.83 米的他站起来，连腰都伸不直。

刚到台湾的前半年，他除了公司的盒饭几乎没吃过别的……

有一次，母亲打来电话，劝他坚持不下去了就回家。他却故作坚强，说自己一切都好，挂掉电话后，他就忍不住流下了心酸的泪水。

学舞蹈出身的钟汉良，刚开始唱歌时并不被公司看好，甚至受到了打压。幸好郜正宵一直欣赏他，对他说："你别泄气，至少，你有跳舞这个长项。你看郭富城，以前就是跳舞的，后来不照样成了大歌星吗？"

在郜正宵的鼓励下，他沉下心来训练。那半年，他每天都要练歌、录音，还要排舞，特别辛苦。为了省钱，他常常走路一小时去健身房，练完以后再走回家——打车要花五六十块，他舍不得。有一次，他跳舞时拉伤了韧带，住院一周，伤刚刚好就马上恢复了训练。这些，都来源于他强大的自律力。

功夫不负有心人。1995 年 7 月，钟汉良以新人歌手的身份出道，发行了第一张专辑《OREA》。由于他形象帅气，舞技超群，而当时正流行劲歌热舞，这张以舞曲为主的专辑很快一炮而红。尽管有了一定的知名度，但那时的他在台湾乐坛仍是一个"外来工"，每天依然吃快餐、住阁楼，生活中的他也仍是一副纯良稚气的样子。有一次，在录音棚通宵录制新唱片时，因为实在太饿，他竟连续吃了 6 份米线，吃完后打了好几个饱嗝。同事见状取笑他："你真是个打工仔！"

当年 12 月，钟汉良趁热打铁，推出了第二张专辑《在你身边》，并在台湾成立了"小太阳能源俱乐部"歌迷会。他阳光清新的邻家男孩形象，吸引了大批少男少女。1996 年初，他参加了在台湾大学体育馆举行的新年晚会，他刚出场，热情的歌迷们便大呼"小哇"，弄得他丈二和尚摸不着头脑，还以为自己哪里出丑了。演出结束后，他和歌迷们交流才得知，"小哇"是歌迷们替他取的外号，一是源于他的英文名 Wallace，二是太多女孩子第一眼见到他就会大叫"哇！太帅了"。见歌迷们如此热情，他心里很是得意。

接连推出几张专辑后，钟汉良的歌唱事业达到了巅峰。与此同时，他的生活条件也改善了很多，不但搬进了新租的公寓，还买了一辆二手车。可是，他仍然买不起房子，也舍不得大手大脚花钱，因为他大部分收入都用来替家里还债了。

虽然出名了，但钟汉良从未得意忘形。他知道，对于流行歌手来说，3年是一个瓶颈，流行歌坛上的明星几乎每3年就要换一批，能撑到5年的就很不错了。为了保住名气，他更加严格地要求自己，像陀螺一样不停地工作、出唱片。

3年合约期结束后，因唱片商无意续约，钟汉良不得不离开了公司。那段时间，他陷入了事业的低谷，在台湾找不到新平台，回香港也没有发展的契机。后来，他暂时放弃了唱歌，进入台湾飞腾影视公司做演员，出演了武侠剧《白手风云》等。不过，他并没有在演员领域引起多大反响。有一次，台湾滚石唱片公司经纪人找到他，说："你在歌坛那么多年，不唱歌实在可惜。"于是，2000年，他又签约滚石唱片，试图从歌舞、影视等多方面经营自己。然而，加入滚石后，他仅出了一张唱片，而且反响一般。其间，他接拍了《今生有约》《上错楼梯睡错床》等影视剧，但也没有重现过去的辉煌。这让他郁闷不已。

2001年年初，好友林志颖劝钟汉良一同去中国大陆发展。林志颖与他经历相似，20世纪90年代初期曾迅速爆红，但1994年服兵役后演艺事业迅速下滑。两人在逆境中相互勉励。不久，他们一起来到上海，与女演员陈红一起出演了电视剧《风尘舞蝶》。后来，林志颖潜心职业赛车，而钟汉良继续做演员。

接下来，钟汉良频繁往返于台湾与大陆拍电视剧。他十分珍惜每一次机会，工作生活特别自律。初到大陆时，他每天苦练普通话，剧组的工作人员下班叫他喝酒打牌，他从不参与。拍《流星花园》时，由于档期缘故，他失去了饰演男主角道明寺的机会，只在剧中客串了一个渔村少年，但他并不后悔。

对他来说，任何角色都值得认真表演。正是自律、敬业、低调、踏实的精神品质，很多人找他拍戏，他终于打开了大陆市场。2003 年，他出演电视剧《逆水寒》后声名鹊起。

随着名气上升，2005 年，钟汉良在上海成立了自己的个人工作室，开始了真正的职业演员生涯。随后，他出演的《康熙秘史》《鹿鼎记》等古装剧大获好评。

岁月的打磨，让钟汉良从懵懂少年渐渐变成了一个成熟自律的男人。他看起来云淡风轻，骨子里却有股韧劲，无论遇到什么挫折，都不会自怨自艾，更不向他人诉苦。不工作时，他大多数时间都宅在家里，看书、画画、健身、做家务。在剧组时，他话不多，拍戏间隙，别人玩手机游戏，他却爱读唐诗宋词，随口就能背出五六十首。他不喜欢炒作，也没有绯闻，平日里坚持运动，是健康上进的好青年。

2009 年，钟汉良接连拍摄了《内线》《不如跳舞》《来不及说爱你》等热播电视剧。重获事业的辉煌后，他依旧不骄不狂，有一次，媒体采访他问道："你曾经从大红大紫跌入低谷，当重新来过的时候，你真的不委屈吗？"他微微一笑，说："对我来说，等待就是一个学习、沉淀的过程。人生起伏就像是过山车，总要转过几个回合，我不在乎要再扣上安全带，重新来一次。"

钟汉良充满正能量，曾有媒体如此评价他：作为一名唱跳俱佳、影视双栖的影视演员、歌手、舞者，他在华丽绽放中坚守梦想，用对演艺事业的不懈追求书写小太阳的耀眼荣光；他超人般的自律、不松懈的专注和经营，是驱使他 20 多年"逆生长"的巨大能量。

【新生代的故事】

胡曦丹：有定力的孩子能成大事

古人云："静能生定，定能生慧，慧能出奇。"

对于孩子来说，喜欢动，充满活力，是好事。但该静的时候，一定要能安定下来。保持安静，有定力，能自律，也是一种利于孩子学习成长的力量。

在我培养的学员中，胡曦丹就是一个很有定力的孩子。她2011年出生，是一个全面发展的小才女。一个人要想全面发展，必须懂得规划，不慌张，不凌乱，凡事都能有条有理、有定力、自律地去完成。

胡曦丹从四岁就开始学跳拉丁舞，坚持到九岁时，她接连考过了初级、中级，拿了比赛的银牌，在这几年的时间里，她体型气质得到了很好的提升，也结识了很多朋友。其间，她还学了国画、素描、书法等多个艺术课程，都很出色。

她年纪虽小，国画作品却已多次参加市区级的比赛并获奖，她的楷书、隶书对联等书法作品，经常在学校里面展出。我是学画画出身的，所以对能歌善舞又擅长书画的孩子更加欣赏。因为歌舞需要动，而书画需要静，能动能静的孩子并不多见。

胡曦丹刚来我公司学习时，想学声乐、唱歌，但没什么基础，要想短时间内把她培养出来很难。而且她家住得很远，每次来上课，都是妈妈带着她打车来回，车费要两三百元，每次只学一个半小时，学了几节课后，妈妈特别不耐烦，每次坐在我们公司会客厅，似乎比孩子更盼望下课。

而胡曦丹恰恰相反，她在训练中的每节课都非常认真，既能安静地听老师讲，又能活跃地按照老师的要求去做每一个动作。刚开始，她的训练确实看不到什么成绩，以至于她妈妈觉得孩子跑那么远来训练不值得。但是，我总劝家长，再让孩子学一学，并让家长观看每次的训练视频："你看曦丹，训练时多乖，从来都不吵不闹，情绪非常稳定，心平气和，这说明她非常热爱这个课程，相比受到老师表扬就高兴、被批评就沮丧的孩子更有潜力。"

果不其然，胡曦丹经过一段时间的努力，进步非常大，特别是声乐唱歌这一块，很多好听、流行的歌曲，她都能够唱得十分动听，还学会了胸腔发声等技巧。她的街舞进步也非常大，之前她从未接触过街舞，刚开始学的时候有点吃力，但后来证明，她的街舞跳得比别人更好。

此外，胡曦丹参加训练后，变得开朗乐观、大方热情了许多，口才也明显好了许多。她不仅在学习上成了班级的佼佼者，论综合素质能力，更是很少人能跟她匹敌，因为她在声乐唱歌、舞蹈、国画、书法、阅读等各方面都非常优秀，得过不少奖，也参加过许多舞台演出、展示展览等。

胡曦丹的蜕变，主要源于她的定力，她是个比较自律、独立、有毅力的孩子，多种艺术课程都能用心去学，且学有所获。

2021年1月，一则新闻说上海一高中女生坚持学习书法十年，成绩斐然，最终被北京大学提前录取，该女生说了一句话让我印象深刻："我认为，练书法使自己在各种考验中，更显从容、更有把握。书法长期训练了我的心性和定力，让我不管做什么事都非常坚定、专一，不被外界所扰。"

的确如此，有定力和没定力、自律和不自律的人生，天差地别。

有定力的人，正念坚固，如净水无波，不随物流、不为境转，光明磊落，坦荡无私；有定力的人，心地清净，如如不动，不被假象所迷惑，不为名利而动心；有定力的人，能够真正做到自律，面对的是一个与众不同的世界，那是生活中更美好的一面，它让我们变得平和，变得专注，变得快乐，也变得更加幸运，因为付出的时间和努力，终会以另一种形式回馈给我们，促使我们干成一些大事。

【黄金法则】

青少年综合素质教育九大黄金法则之“自律力”

要想做成大事，就不能性急，而要脚踏实地、有计划、有步骤地去实施。不管面对什么困难和挫折，抑或诱惑与陷阱，都要有强大的自控力和自制力。

自律、自控、自制是相互依赖的关系，是取得成功不可或缺的素质。

自律力，指在没有人监督的情况下，自己要求自己、激励自己、控制自己，自觉地做出一番事情，并形成一种潜在力量，推动自己勇往直前。

美国心理学家凯利·麦格尼格尔曾说过：自律力是一种美德，甚至能够“改变一生”，为了成功必须做到自律，当你陷入困境时，必须知道自己为何失败，当你努力向上时，必须要知道自己接下来要做什么、不要做什么。

一个人如果缺乏自律力，就无法形成良好的行为习惯，甚至会因为抵挡不住外界诱惑而误入歧途。自律力，需要通过调节自我心态，增强自我意志力来提高。

自律力是一个人走向成熟的体现，最易干成大事的是那些自律力强的人。

青少年由于处于成长期，很多孩子自律力较差，有时候控制不住自己，不仅情绪波动大，还容易走弯路。所以，培养自律力对孩子的一生都是非常重要的。

【经典秘诀】

如何培养孩子的“自律力”

从事青少年综合素质教育这么多年，我觉得培养孩子“自律力”的关键如下：

第一，不要让孩子有受压迫的感觉。要让孩子无论是学习还是生活中，他们所做的事情都是其愿意做的，至少不是被逼着去做。只有这样，孩子才会养成习惯，从而自觉去做每一件事情。

第二，为孩子制订一些小计划。计划难度不要太高，一定要能让他们完成，若他们完成不了，再陪孩子聊聊天、谈谈心，一起找找原因，通过心理疏导、激励等方法，帮助孩子改善自己的自律力。多年前，我曾带学员到美国交流学习，听过一个哈佛“学霸”的故事。他说他以前自律力也极差，自己的计划经常完不成，做事情总爱拖延，结果是这样的：计划失败—沮丧—骂自己一顿—制订新计划—继续失败。后来，在父母和老师的帮助下，他学会了这样：计划失败—沮丧—骂自己一顿—思考计划失败的原因—解决问题—制订新计划。当然，新计划可能成功，也可能失败，失败之后，他会不断重复上述流程。久而久之，新计划中失败的越来越少，成功的越来越多，他也实现了从幼年期到成熟期的进化。

第三，要有毅力。自律力不是天生的，而且很容易昙花一现。比如很多中国的孩子，初高中时很自律，成绩优异，尤其是高三，可谓到了学习力和自律力的巅峰，但上了大学之后，时间宽裕了，他们就变得懒散了，熬夜看剧、晚睡晚起、暴饮暴食，即便名校毕业进入社会后也一事无成。所以，人的自律力是极其有限的，一定要持之以恒地去培养，才能构建起强大的自律力。

第四，要有信念。这是支撑一个人建立良好习惯、提升自律力的内在动力。对于孩子来说，信念可能不太好解释。我在培养学员时，往往把它具象化，比如我会告诉孩子：你每天背英语单词时，就要想着，我这么努力，就是为了要考好英语考试；你每天学弹吉他、学跳舞时，就是为了能在各种舞台上一显身手！当孩子苦恼、低落、失败时，最渴望的就是得到他人的认可和欣赏，这时父母一定要给予其信念的力量。信念能让孩子在养成好的习惯时获得精神上的正向反馈，同时，孩子的信念越强烈，就越能忍受改变过程中的痛苦与反复，自律力越来越强。

第五，要教会孩子调整心态。让孩子懂得、接受自己是个普通人。承认自己是个能力有限的普通人并不可耻，这样做也是为了不让孩子变得过于自负。人一旦自负，就容易失去自律力，很多时候会因为控制不住自己而失误。还要教会孩子对自己少一些苛责，多一些鼓励。当孩子懂事后，自我鼓励是其调整心态、增强自律力最好的方法。尤其是青春期的孩子，他们的内心世界相对封闭，在与欲望和弱点搏斗的过程中，他们大多数时候是没有队友的，只有自己给自己打气。

青少年在大多数时候，都是感性的，凭直觉去为人处世。这个阶段，培养他们的自律力，就相当于慢慢教会他们控制方向，驾驶人生之车。随着年龄的增长，他们的理性会逐渐地大于感性，自律力也随之提高，面对矛盾和问题时不再鲁莽与冲动，面对顺境不会得意忘形，面对诱惑懂得勇于止步，面对困境做到临危不惧。正因为自律力的提升，他们才更显成熟与稳重，更具风范和儒雅，人生也更加精彩、更加辉煌！

第五章

抗压抗挫：练就一双坚强翅膀

压力是躲不掉的，一个人要耐得住寂寞，耐得住诱惑，还要耐得住压力，耐得住冤枉，外练一层皮，内练一口气，这很重要。武林高手比的是经历了多少磨难，而不是取得过多少成功。

——中国企业家　马云

【我的故事】

打造童星梦乐园，成为集团区域总裁

> 生命犹如铁砧，愈被敲打，愈能发出火花。
>
> ——伽利略

一个人最出色的成就，往往在处于逆境的情况下达成。思想上的压力，甚至肉体上的痛苦，都可能让精神振奋。持续奋斗的青春让我明白：忙碌和紧张能带来高昂的工作情绪，全神贯注时，工作才能高效。

2012年，我任职的集团迅速扩张，而我担任总经理的传媒公司，已成为以童星包装、唱片制作、明星经纪、影视拍摄、儿童培训等知名的品牌。

不久，集团决定派我负责深圳南山分公司的整体筹备工作。我欣然答应了，因为这是我喜欢的行业，无论有多大的挑战或困难，我都愿意去尝试。从新公司的选址、装修到人员管理等，我都亲力亲为，每天起早贪黑，从没半点松懈。由于公司经营的是少儿演艺产业，我利用自己的绘画特长，在公司的大厅及办公区墙壁上画了一些儿童画，既有文化氛围，又充满了童趣，不仅同事们觉得好，许多来公司参观和洽谈的家长或客户也都很喜欢。

新公司成立之初，为了多招集一些能人，我多次去人才市场挑人才，然后全面、专业地培训他们，什么事情我都带头去做，在我的感染下，大家都愿意跟着我一起做事，充满激情，每天就像打了鸡血似的……

有一次，我在新公司会议上对员工们说："知道我为什么这么有激情吗？因为只要想起我们集团的陈木川导演，我就觉得自己没资格说老，我们还年轻，一定要经得起压力和挫折，你们很多是90后，更应该每天都朝气蓬勃！”

我所说的陈木川导演，来自香港，出生于1948年，20世纪70年代，陈导主演过《功夫皇帝》《锦衣卫》等电影，90年代初开始做导演、监制，主要作品有《西门无恨》《麻辣至尊》《插翅难逃》等，可谓影视圈的元老。但是，陈导有一颗年轻的心，2011年，63岁的他在我们集团邀请下，怀着满腔热情从香港来到深圳与我们共事，担任集团少儿剧拍摄的总导演，其监制的“少儿微电影魔法系列”以少儿现实为题材，通过略带夸张的喜、怒、笑、骂等喜剧表演形式，轻松、活泼、幽默和风趣的动漫风格，生动地反映了少儿的心理及世界观，非常励志向上，在电视台播出后得到了广泛关注和好评。

对于集团来说，我想，正是因为有了一大批像陈木川导演和我这样的人才，齐心协力同拼搏、不畏艰辛共奋斗，才在短时间内实现了跨越性的发展。集团制作的《童星大本营》《童星剧场》《智慧学堂》等王牌少儿栏目在深圳电视台DV生活频道播出，都成为当天收视率最高的节目，在深圳引起了一股少儿文艺潮。而南山分公司在我的领导下生意蒸蒸日上，每天打电话来公司咨询让孩子做小演员的人越来越多，我们培训、包装、有影响力的小演员也越来越多。

2013年年初，公司计划开拓广东惠州市场。惠州不是一线城市，下属区县分散，市场的把握度比较难，需要一个能人前往筹备分公司。

黄总首先想让我去，但是考虑到我的家人都在深圳，而且我对南山分公司的管理非常出色，怕我不愿意，所以起初并未找我谈，而是找了另外几个同事一一谈话，但大家都觉得惠州没有什么发展空间，没人愿意去，一个同事还抱怨说：“我在深圳干得好好的，凭什么要我去惠州？”我听说这件事情后，立即决定过去。集团要发展，就必须有人往前冲，我主动敲了黄总的办公室门，发现黄总正一筹莫展，当我提出“我想去惠州试一试”时，黄总的脸上顿时笑开了花：“好，好，我就等你这句话，这几年你做得不错，看来我眼光也不错，没看错人啊！”

到惠州工作后，我才体会到开拓新市场的难度，比深圳至少要难十几倍，我终于理解了同事们为什么不愿意来。但“君子一言，驷马难追”，我决定再苦再难，压力再大，也要拼了。由于分公司主要和惠州电视台合作，强强联手打造少儿电视栏目《童星剧场》及《快乐00后》系列剧，所以我的团队也都在惠州电视台里面办公。我每天带着团队去到各区县基层，白天对当地的市场进行详细调研，晚上加班做好周密的计划和策划，接着不断挖掘、培训、包装少儿艺术人才……经过一番艰苦奋斗，我把惠州市场经营得风生水起，而且在那里一干就是两年，使惠州分公司迅速成为当地最具实力的童星公司。

2014年年底，为了发展更稳健更长久，集团开始全面改革，实行股份制。而我在进集团后的5年时间里，用坚韧不拔的拼搏精神、对工作认真负责的职业精神、哪里需要我就去哪里的开拓精神，为公司创造了巨大价值，成为公司的股东之一，并被调回深圳，担任集团董事、区域总裁以及广州公司总经理。

2015年是集团成立以来最辉煌的时期，旗下拥有10多家公司，形成了文化产业、移动互联网、少儿产业“三足鼎立”的产业结构，综合实力很强。

而我在集团的光环之下，也将自己的人生“导演”得越来越精彩——我培养出了小野苗苗、徐黄丽、康捷琳等上百名少儿明星，而且导演、制作了数十部少儿影视剧，我自己也以演员的身份参演了《边城汉子》《下西洋》《一代宗师》等影视剧。当时，我既是集团老板之一，又是青年新锐总导演、制片人、演员、童星经纪人、娱乐策划人等。

回望那段时光，我常常感慨：如果没有过去的血汗付出，就没有我今天的成就。我觉得，压力并不可怕，承受压力是一种力度和气度，是一种坦然的接纳和始终清醒的生命理念，是为实现自我的一种收敛，是为寻求迸发所做的自我沉淀。

【名人的故事】

动漫大王蔡东青：压力是成功的跳板

生活总是会充满压力的。

只有顶住压力、坚持下去，才能取得最终的成功。

出生于汕头澄海的蔡东青，是家中的老大，他很小的时候就与两个弟弟起早贪黑在田间地头干活，尽微薄之力帮助父母艰难地过日子。他初中毕业后，迫于家庭生存压力，无奈地外出打工。他在五金厂做过电镀工，每天要连续做 12 个小时，却只能换来微乎其微的收入。他默默地想，如果干不出事业，自己就没有希望。17 岁那年，他想办法说服母亲，向别人借了 800 元给他创业。

不久，蔡东青买来一台手压机，在家中建立制作塑料小喇叭的作坊。可是资金不够，买机器之后他就没钱了，小喇叭的开模成为让他头疼的难题，压力非常大。幸好他的表哥在工厂做模具，他就去找表哥帮忙。后来，他们开发出了一些玩具产品，但由于产品没有特色，质量不高，样品拿到市场上，基本无人问津。

蔡东青觉得，只有做出比别人好的产品，才会有市场。为保证产品的质量，他买回来很多种玩具喇叭，然后一个一个地吹，声音好的就利用，声音差的便丢弃。就这样，不断完善改进，他做出来的产品质量好，渐渐受到了顾客的青睐。

事业有点起色后，蔡东青又到处借了 7000 元，雄心勃勃地与表哥合作，盼望尽快把事业做大。可是，由于两个人的经营思路不同，没过多久，他的投资就全部赔光了。这次失败，给他带来了沉重的打击，欠下的债务、父母的担忧以及身边同学和伙伴的眼光等形成了巨大的压力，日夜折磨着他的内心。

但蔡东青没有放弃，他无时无刻不在寻找重新创业的机会。有一次，他去香港玩具展看到日本产的四驱车玩具时，凭着自己对玩具市场的敏锐判断和精确分析，他认为传统的玩具将逐渐被淘汰，而青少年智力型玩具必定会得到家庭和社会的高度重视。于是，他四处筹钱，几经努力，成立了澄海奥迪玩具实业有限公司，开始引进、开发、生产青少年智力型玩具迷你四驱车系列产品。

蔡东青的四驱车玩具投放市场后，由于产品内涵科技性高，有益于青少年增长知识和启迪智慧，所以深受青少年喜爱。后来，他又与广东电视台合作举办四驱车玩具大赛，使四驱车玩具很快就热销全国，年销售额突破 1 亿元，财富就像雪球滚滚而来。

可是，商场风云变幻莫测，正当蔡东青春风得意时，他的企业突然陷入低谷，产品被仿冒严重，导致销售业绩滑坡，销售团队信心低迷。无形的压力又乌云压顶般向蔡东青袭来，但他总是积极地面对，把挫折化为机会。当时，万代是日本最大的玩具制造商，他通过对万代成功经验的认真研究，决定进行战略转型，强化动画片 + 玩具的模式，打造最有价值的动漫产业链，创建动漫商业生态圈。

于是，蔡东青绞尽脑汁花重金把日本正在热播的动画片《四驱兄弟》买下。通过在各大电视台播放这部片子，产品销售得到大幅拉动，他公司的业绩呈爆发式增长。后来，他多次考虑，如果要把事业做大，不能只是待在家乡，而要走出去，寻找更广阔的发展平台。因而，他和父母兄弟协商，要把公司的创意总部、营销部门等搬到广州。父母兄弟尽管热情支持，不过也有所顾虑，他们不约而同地认为，澄海崇尚安居乐业，这里的企业想走出去是很困难的。

可是，蔡东青相信自己的眼光，他凭借过人的胆识和智慧，毅然进军广州，并创办了广东奥飞动漫文化股份有限公司，公司业务不局限于玩具产业的范畴，开始涉足动画、漫画影视文化产业，向动漫文化产业转型。这个决定给蔡东青带来了巨大的压力。尽管他的决策受到了外界的质疑和内部的强烈反对，但他力排众议，一头扎进陌生的动漫领域，开始制作原创动漫。

经过两年的不懈努力，奥飞动漫作品《火力少年王Ⅰ》问世。蔡东青还与日本万代合作开发了《迪迦奥特曼》中的人物和器械等动漫玩具产品。

从决定投拍动漫，到第一部片子《火力少年王Ⅰ》做出来，且不论投入的巨额资金，更重要的是没人知道做动漫能否取得成功。那两年里，蔡东青所承受的压力可想而知。直到《火力少年王Ⅰ》播出后深受观众欢迎，并大大带动了系列动漫玩具产品的销售，公司管理层才彻底服他。此后，奥飞动漫公司的发展突飞猛进。

2008年，由于金融危机，广东很多传统玩具厂纷纷倒闭。而蔡东青因抢先一步完成了从玩具制造商到拥有动漫产业链的转型，把握住了自己的命运。不过，在转型成功之际，他再次意识到了压力，与国外成功的卡通形象"变形金刚""奥特曼""米老鼠与唐老鸭""蝙蝠侠"等相比，奥飞动漫还没有打造出真正的经典形象。此前，他公司的"少年火力王悠悠球""战斗王陀螺"等属于潮流型动漫玩具，动画片播放后不久，热度也就过去了，缺少持续性盈利能力。而要打造经典的动画片和卡通形象，需要强大的资金支持力度。

资金从哪里来？蔡东青想到了上市。经过精心准备后，2009年，奥飞动漫顶着"中国动漫第一股"的光环在深交所中小企业板正式上市。由于奥飞动漫已拥有两款自主研发的动漫玩具、三款授权开发的动漫玩具，以及与万代合作开发的迪迦奥特曼、与迪士尼合作开发的小熊维尼、与宏梦卡通合作开发的虹猫蓝兔等动漫形象，具有强劲的增长潜力，上市后企业发展更加迅速。

从那以后，蔡东青把上市募集到的资金用于延揽人才、培养动漫产业链的上游研发能力，以及动漫衍生品生产基地建设项目和市场渠道优化升级等。

2022 年，蔡东青家族以 145 亿元人民币财富位列《胡润百富榜》第 420 位。从几百元起家到上百亿元的巨大蜕变，从地道的农家娃到飞黄腾达的富商，他的人生经历可谓一部传奇奋斗史。在发展企业的同时，他始终关注青少年素质教育，为青少年教育做出了积极的贡献。他说："我们的目标，是让全世界的小朋友都看奥飞动漫的动画片，把中国优秀的文化传播到世界各地。"

纵观蔡东青的成功史，我们不难看出，正是因为他具备了超乎寻常的抗压、抗挫能力，才一次又一次地从困境和危机中扭转乾坤，最终创造了今天的非凡成就。

【新生代的故事】

黄宝贤：骨子里透着倔强的女孩

要尊重儿童，不要急于对他们作出或好或坏的评判。

——卢梭

黄宝贤是一个骨子里透着倔强的女孩。

所谓倔强，就是性格刚强不屈，不管碰到任何困难或阻挠，都会坚持自己的想法和做法，不轻易为外力所改变。

一个人的性格，往往是与生俱来的。

黄宝贤外表清秀文静，但骨子里却透着倔强和不服输的精神。她参加小艺员训练期间，爱玩、爱笑、阳光、懂事、坚持、专注。

黄宝贤很小的时候，就喜欢听一些钢琴曲和纯音乐。只要听到音乐，她的身体便会不自觉地跟着节奏舞动。到了幼儿园，她听到音乐，便会一边哼一边起舞，虽然舞蹈动作都是她自由发挥的，但很自然流畅，或许这就是天赋吧。

从幼儿园开始，黄宝贤就主动要求学舞蹈，并于2018年起每年参加中国舞的考级。读幼儿园中班时，她被选进幼儿园的合唱队。后来，她越来越喜欢舞蹈，有时还会要求妈妈带她去看艺术表演或剧目。第一次观看俄罗斯芭蕾舞团《天鹅湖》演出后，她便深深爱上了芭蕾舞，并非常执着、充满憧憬地说："妈妈，我想学芭蕾舞，如果以后我有机会像她们一样站在舞台上跳得那么棒就好了。"

于是，上幼儿园大班时，黄宝贤开始学习芭蕾舞，凭着内心的热爱和中国舞的基础，她的芭蕾舞也跳得很好。而且，她的音准很好，嗓音的先天条件也不错，她还同时学了钢琴及其他乐器。由于她读的是中英双语幼儿园，她的语言能力也很有优势，她在 2017 年便开始参加幼儿园的"英文口语比赛"，连续多次获得名列前茅的成绩。她能独立地站在舞台上表演，并声情并茂、动感十足地演绎英文歌曲，那种阳光、可爱的模样，从容、淡定的范儿，让人赞叹不已。

像这么全面发展、懂事努力的孩子，真的值得去好好培养。2019 年，"非同凡响—非凡电视小艺员"栏目组通过海选选中了黄宝贤，那时她才 6 岁半。录取后，我们帮助她开始进行声乐的常规训练。在第一次声乐考试时，她演唱了一首《最好的未来》，以淡定从容的舞台表现、清透的嗓音进入了最早一批的声乐特训班，后来又成为"精英班""星耀班"的成员。她和组合成员一起认真学习，一起排演节目，一起登台表演，并成为"蜜糖少女"组合年纪最小的一员。

在每次组合表演中，黄宝贤虽年龄最小（最大的比她大 7 岁），却完全没有跟不上的时候，获得老师们的重视和用心培养，她参与的节目录制、翻唱录音及现场舞台表演等都十分出色，不逊于组合里的姐姐们。尤其是"蜜糖少女"组合的强化训练和深化学习，黄宝贤因为年龄小，对她而言相对难一些，每次训练时长达到 6 小时，训练时更注重声乐和舞蹈基本功底，但是她从未落后于人。

几乎每次训练，黄宝贤的衣服和头发都会湿透。有一次，她因为喉咙发炎引起发热，当时整个人的脸都是烫的，由于当天要录音，为了不耽误团体的训练计划，她仍选择坚持，如期完成录音，一直带病训练至结束。还有一次，因为上午钢琴课下课比较晚，她和妈妈赶到训练中心时，老师说吃饭时间只有 10 分钟，但她只吃了 5 分钟就不再吃了，为了不让团队等她，她一溜烟就跑进了课室……像这样不怕任何困难、顽强努力的孩子，真是令人赞许。

黄宝贤上小学后，因为艺术特长出色，经常参加学校的各种比赛，成为学校合唱队、舞蹈队的佼佼者。她曾获得中国舞蹈家协会教学成果展演“最具潜力奖”、广东广播电视台教育频道《七彩童年》六一节目演出“优秀小演员”称号，参演了广州大剧院少儿芭蕾舞剧《葛蓓莉亚》、广东少儿频道元宵节目《You are Superstar》，尤其是她成功录制的《隐形的翅膀》《硬糖》《一笑倾城》《仰望星空》《言不由衷》《Waiting for You》等音乐作品，十分打动人心。

“含泪播种的人将来必定含笑收获。不要有顾虑，大胆往前走，摔跤很正常，关键要有站起来的勇气。爸爸妈妈永远支持你、永远爱你。宝贤，加油！”黄宝贤的家长曾在我们的训练册上给孩子写下寄语。的确，她这么小的年纪，能坚持自己的兴趣爱好，不怕苦和累，擦干眼泪继续前行的坚强，让她不管是艺术课程，还是学习成绩都一点没落下，每次考试成绩在班上都名列前茅，多么难能可贵。

黄宝贤的母亲说：“孩子的成长让我们很欣慰。无论是学习还是兴趣爱好，我们能做的就是给她更多的支持、鼓励和陪伴，和孩子一起经历所有的事情。”

苏霍姆林斯基有句名言：教育技巧的全部奥秘就在于如何爱护儿童。

孩子的个性，往往是自带的本质，需要父母用更多的时间去关心和爱护，用更多的耐心去教育和接纳。比如有的孩子天生固执，是因为有自己的想法。如果大人无视孩子的想法，一味专制地让孩子服从，只会让孩子更抵触、更反抗。“你太小，什么也不懂”“我是为你好，我的决定是对的”等霸道想法必须放弃。

智慧的父母，往往懂得接受孩子的合理意见，然后引导孩子将固执变成倔强、将倔强变成坚强，最终成为生命中的一股正能量。

【黄金法则】

青少年综合素质教育九大黄金法则之“抗压力”

抗压力，就是指一个人对待问题、困难、挫折的承受能力。

抗压力强的人，会坚强地挺过；而意志薄弱的人，则会一蹶不振。

有人说，没有压力的人生不值一提，也是根本不存在的。抗压力，早已成为人的一生中最需要的能力。从某种意义上说，抗压力甚至比学历和智商更重要。

为什么这样说呢？

一是具有良好抗压能力的人，往往比较乐观，积极应对每一件事情，敢于挑战，主动去适应新的环境、新的人际关系等，不会步入死胡同。而抗压能力较弱的人遇到一些难以处理的事情时，就会开始抱怨，甚至会放弃努力。

二是抗压能力越强的人，情绪越稳定。情绪也是影响一个人学习、生活、工作的重要因素。在青少年综合素质中，情绪稳定是一种宝贵的美德。一个成长中的孩子，如果能学会稳定情绪，不会动不动就发火、摔东西、逃课、顶撞父母等，那么其学习环境、家庭氛围、内心世界就会相对稳定。如果孩子抗压能力差，情绪容易走极端，一旦遇到压力，就可能彻底崩溃。

三是成大事者，一定是抗压能力很强的人。从古至今，一个人要想成大事，必须经历一番痛苦的磨难。只有经得起压力的磨炼，才能够做出一番事业。在今后竞争日益激烈的大背景下，青少年的抗压能力将会成为其人生中的核心竞争力。抗压能力越强的人，越会受到社会的青睐，越有可能干出伟业。

《抗压力》一书的作者久世浩司说，我们这一生都无法摆脱压力，不如学会与压力和谐相处，适当的压力能转化成我们成长的动力，而如何利用压力取决于我们如何看待压力本身，所有能从生活的重压之下挺过来的，不是智者就是猛士。

【经典秘诀】

如何培养孩子的“抗压力”

那么，我们应该如何有针对性地培养孩子的抗压能力呢？

秘诀 1 父母以身作则，增强孩子的灵活性

父母和孩子都不要陷入一种非黑即白的固化思维之中。例如，孩子的学习成绩一直不理想，父母就认定孩子很差劲，甚至总是拿“别人家的孩子”作比较，逢人便数落其缺点。这种固化思维会让孩子倍感压力，久而久之，孩子也就认定自己“很差劲”。一定要看到孩子的优点，让孩子学会变通，不要“在一棵树上吊死”，才能增强抗压力。

秘诀 2 教会孩子保持乐观的心态

乐观的重要性是不言而喻的，它能让人们往积极的一面看，避免因为恐惧、担忧而变得裹足不前。当孩子保持乐观、心怀希望的时候，再大的困难也能被克服。因此，保持乐观也是提升抗压力的重要方法。

秘诀 3 培养孩子的乐趣

爱因斯坦说，兴趣是最好的老师。有了兴趣，人就有了源源不断的解决问题的动力。虽然爱因斯坦是一位举世闻名的天才，但他小时候成绩并不好，校长甚至预言他长大以后将一事无成，因为他的记性实在是太差了。可爱因斯坦认为，学校的管制和机械式学习给了他太多的压力，于是他开始变

得“叛逆”，只关注自己感兴趣的东西。正是凭借着浓厚的兴趣，他累积了超越常人的知识，最终成为天才科学家。因此，如果孩子对某件事情有浓厚的兴趣，再大的压力和困难也会被其抛之脑后，甚至能发展出一种独特的能力。这也是我多年来坚持从事青少年艺术教育的原因之一，我觉得现在的孩子学习太累了，希望艺术能够为他们增添乐趣、培养情操、舒缓压力。

其实，生活中还有很多有助于培养孩子抗压力的方法。比如，多让孩子发挥自我优势，多让孩子见识一下外面的世界，多交几个可信任的朋友，多参加运动等。奥地利心理学家阿德勒在《自卑与超越》里建议，青少年从十二三岁开始就有必要了解自己的优势并据此规划职业。可见，每一个人一生都有责任来发现自己的优势，聚焦自己的优势去选择工作和事业，相对来说成功的概率会大一些。

第六章

聪明应对：如何培养超高智商

随机应变是才智的试金石。我们每个人都是在不断的变化中成长，如果你拒绝了变化，你就拒绝了新的美丽和新的机遇。

——法国喜剧演员　莫里哀

【我的故事】

再次“飞翔”，创办箭翔星秀教育品牌

> 我最大的愿望，就是希望所有孩子能像蜻蜓一样，非常灵敏，应对能力很强，充满智慧，飞得稳、飞得快、飞得高、飞得远。

南宋词人辛弃疾曾曰：叹人生、不如意事十常八九。

的确，生活就像是一条布满荆棘的路。无论是谁，不管身处何方，都不可避免地要面对生活中的酸甜苦辣，体验世事的纷扰杂乱。

重要的是要学会应对，善于释放自己应对的能力和潜质，只有积极应对、摆脱桎梏、挣脱枷锁，才能找到再次腾飞的出路。

2016 年，由于种种原因，我在集团做得不开心了。尽管身为区域总裁，但感觉自己始终是一名“打工者”，很多想法无力施展，便又想到了自己创业。

千帆过尽，未忘初心。

2017 年，我离开集团，希望再次“飞翔”，打造一个能够真正贯彻自己独特理念的高端少儿综合素质教育品牌，为中国新生代的优质成长添砖加瓦。

经过一年多时间的精心筹备，我与几位联合创始人、业界大咖于 2018 年 8 月正式成立了广州市箭翔星秀文化传播有限公司。

对于这次创业，我破釜沉舟，要做就做到最好。我在广州商业中心租了一层楼作为公司总部，场地面积达 2000 多平方米，气势恢宏，装修豪华。

凡是艺术教育培训、娱乐公司所需要的硬件设施及配套设施，我的公司一应俱全，包括宽敞时尚大厅、电视节目制作中心、艺人养成中心、艺人实战训练小剧场、艺人包装形象设计中心、艺人形体塑造室、能容纳300人的节目录制演播厅、多功能演艺表演剧场、电视节目彩排室、音乐制作中心、录音棚、舞蹈训练室、声乐室、乐器室、影视拍摄棚、器乐室及服装搭配室、更衣室、水吧台、休息区等。

我写了一套企业文化建设方案、设计了公司LOGO等。我内心强大、目标长远，把公司宗旨定为“通过舞台和荧屏的历练让每一位孩子变得更优秀”，把公司使命定为“为帮助新生代蜕变成国家希望和民族骄傲而努力奋斗”，把公司愿景定为“做与众不同的中国新生代综合素质教育高端品牌”。

我为什么要将公司取名为“箭翔星秀”？

箭，因为我业余爱好射箭运动，喜欢古代弓箭侠客的气质。小时候，我读过后羿射日的传说：在远古时代，天上有10个太阳，大地出现了严重的干裂，为了拯救人类，一个名叫后羿的男孩，五岁时就开始苦练射箭，后来他成了出色的射手，被帝尧重用，并成功射下了九个太阳，从此气候宜人，万物生长，福泽黎民。后来，我努力学习后羿不屈不挠、坚持不懈、英勇正义、仁爱善良的精神品质，也希望把这些正能量带给更多的孩子。

翔，源于我的名字。唐诗有云：“碧玉眼睛云母翅，轻于粉蝶瘦于蜂。”小时候，在我的家乡，每当夏秋之交，天将降雨之前或雨后初晴之时，常常有很多蜻蜓盘旋在空中，我在田间小路追逐着它们尽情地奔跑。自那时起，我就非常热爱这种飞翔的精灵。蜻蜓，被誉为昆虫中的“飞翔之王”，它每秒钟可飞10—20米，每小时可飞50公里左右，而且总是从早到晚不知疲倦地飞，可以连续飞几百公里而不着陆休息，其飞翔的花样也很多，还特别有技巧，为飞机制造家们提供了许多灵感。我一直渴望做一个像蜻蜓这样的出色飞翔家。我觉得蜻蜓虽小，却有巨大能量，为了教育事业，20年来我也像蜻蜓般孜孜不倦、永不退缩地飞翔着。

星，乃宇宙间发射光或反射光的巨大天体。因宇宙浩瀚无垠，这些天体置于其中，又显渺小，故称“星星”。古人曰：“凡物之精，此则为生。下生五谷，上为列星。”由于有的星星在天空中会发出耀眼的光芒，所以“星”又引申为在某一领域有特别贡献或具有特殊才能的人，比如歌星、影星、明星等。在我培育过的成千上万名学员中，他们都自幼酷爱音乐、表演、主持、舞蹈等，梦想做一颗“星”，我也希望他们大学毕业后，通过不断拼搏，如愿成为影视演员、导演、编导、经纪人等。

秀，“容则秀雅”“秀外而慧中”。自古以来，人们都崇尚内外俱秀之人。内秀，即聪慧、有修养；外秀，既指外表俊秀，也指一个人的表达力、说服力、影响力、感染力等非同寻常。东晋大画家顾恺之说，外秀令人过目不忘，但内秀会让外秀更境深意远、魅力持久。作为一名教育工作者，我始终注重孩子要内外兼修、综合素质高。我觉得每一个孩子都有自己的独特性，也主张孩子们在今后的人生舞台上，勇敢地秀出自我、秀出自信、秀出精彩。

正因此，我在设计箭翔星秀品牌LOGO时，也颇费了一番心思——LOGO由五角星以及蜻蜓的形状组合而成。五角星是中国的象征之一，具有“胜利”的含义，更蕴含着一个企业、一支团队的自信追求和忠诚信仰，也预示着公司培养的孩子们将星途璀璨。而蜻蜓也是中国吉祥象征之一，极具中国风，同时拥有非常鲜明的生物特性，常被人们称作“胜虫”，因为它能够敏捷而迅猛地飞翔，展现了只进不退的坚韧性格，象征着“勇往直前、永不退缩”的精神。

这个设计理念还有更深层次的含义，还寓意着我的学员们都能够实现“华丽蜕变”。蜻蜓从幼虫到成虫，需要11个月时间蜕变成形。这与我的公司对学员培训、艺人养成和出道训练等所规划的11个月的历时相同，而要想成为青春偶像、职业艺人甚至巨星，至少需要11年。所以，对于青少年艺能人才的规划与培养，我一直主张要有科学性以及持久的庞大投入。

蜻蜓最让我欣赏的特点，就是它们非常灵敏、应对能力很强、充满智慧。它们的眼睛又大又鼓，有三个单眼，复眼约由 28 000 多只小眼组成，视力极好，运动速度很快，这使它们成为昆虫界的捕虫高手。它们的翅膀也特别发达，飞行能力很强，既可突然回转，又可直入云霄，有时还能后退飞行。

创办箭翔星秀，我最大的愿望就是希望所有孩子能像蜻蜓一样，飞得稳、飞得快、飞得高、飞得远。同时，我也希望自己的公司能像蜻蜓一样，在稳步发展中飞速提升，坚持“不忘初心，精益求精”的理念，打造高端教育品牌。

【名人的故事】

任正非：我们最需要的是应对世界的能力

> 人生也好，企业也好，福与祸都是自然规律，重要的是我们如何去应对危机。

任正非是一位集中体现了东方智慧的成功企业家。他沉着冷静，从容不迫，以柔克刚，应对自如。尤其是他在复杂的世界环境中机智应对，并通过发展科技，以大格局、大视野、兼容并蓄的大胸怀展现的人格魅力，让对手无力，让人们感动。

任正非说过，如果他要录用一个干部，其原则最主要是要考虑这个人曾经是不是在外面受过重大挫折，且能够从挫折中吸取教训并有应对能力……他认为，人生受到挫折并不是灾难，而是一种宝贵的财富。

任正非对此有深刻的人生感受，他的一生充满了苦难、坎坷和挫折。他祖籍浙江，父亲当年在贵州担任山区教师，1944年他出生于贵州，家有兄弟姐妹七人，他母亲是一名普通的农村妇女，一家人全靠父亲微薄的工资养活。

任正非少年时家境贫困，晚上复习功课常饿得头晕眼花。但他十分坚强，不怕吃苦，一直勤奋读书。1963年，他考上重庆建筑工程学院（现重庆大学城规学院前身），不仅建筑工程专业成绩优异，还自学了电子计算机、数字技术、逻辑、哲学、外语等专业知识，成为名噪一时的高校才子。大学毕业后，他曾就业于建筑工程单位，后参军成为基建工程兵，并历任技术员、工程师、副所长（技术副团级）等职务。

不久，他结婚成家，夫妻俩南下深圳闯荡，妻子很快当上了某集团的高管，他也在该集团旗下一家公司出任主管。两个人共同打拼，生儿育女，事业顺风顺水，家庭幸福美满。可这时，厄运降临，因轻信他人导致决策失误，任正非在一次业务中被骗200万元，公司确定他为第一责任人，不仅要承担责任还要被开除。要知道，200万在20世纪80年代可谓天文数字。他妻子一气之下跟他离了婚。

任正非瞬间成了四面楚歌的“孤家寡人”，妻子带着儿女离开了，家里还有兄弟姐妹要他养，生活之艰，压力之大，可想而知。面对如此巨大的挫折，他该如何应对？后来他回忆说，他只能背水一战、自己创业，四处凑了两万元，在深圳创立了华为。之后，他全身心投入工作中，一步步将华为发展壮大。

祸兮福之所倚，福兮祸之所伏。从这个角度说，如果没有那次人生磨难，如果任正非当时没有强大的应对能力，就不会有今天的华为。

任正非创办华为以后，同样遭遇了很多危机，甚至很多时候比他当初的婚变更加残酷，但是他依然平和、宽容、谦逊、诚恳、朴素。他身上运筹帷幄、胸有成竹、从容自若的大企业家精神，让他在大风大浪中引领着世界顶尖的科技公司奋勇前进，实在是令人敬佩。

任正非是一个具有非凡应对力、大格局、大境界的人。在当下这个时代，全球经济格局面临深刻而长期的改变，很多企业面临着生存的危机。但任正非却领导企业积极应对，实现稳健增长，必能度过困境。

任正非说，人生也好，企业也好，应对不确定性，一定要做好四件事：一是冷静面对，分清危机和机遇，提前进行布局；二是打破思维定式，逆向成长，不被困难打倒，并瞄准未来机会进行长期投入；三是在原有基础上拓展自己新的发展方向，既要不忘初心，又要不断创新；四是能力建设匹配未来市场需求，要“边打仗、边建设”，与时俱进。

正是因为任正非对于危机和生存有着清醒的认识，并具备强大的应对能力、不可复制的企业家精神，所以华为能乘风破浪、一路向前，成为世界500强企业。

在企业内部，任正非也一直强调：我们不缺机会，缺的是应对危机的能力。在一次国外工作会议上，他曾说：经济低迷，我们自己不能低迷，要想尽一切办法应对，比如减少利润空间，注重规模化增长，只要有规模，只要有合同，就有可能摊薄企业变动成本，就一定有利润，如果一味卖高价，市场就越来越小；但同时，我们又要在技术上强调“针尖”战略，坚持只做一件事，坚持像“乌龟”一样慢慢地爬，才能在专业技术领域里成为世界领先，成为行业中的喜马拉雅山。

在2020年冬季达沃斯论坛上，面对美国对华为的各种限制与打击，任正非发表了讲话，他认为人工智能发展将给人类日常生活带来巨大影响，华为带给世界的改变是有目共睹的，华为的科技是向善的，美国实体清单一次次打击华为，都没起到多大作用，华为所受的影响不会非常大，因为华为有很多应对措施。

任正非虽然是一名企业家，但他对教育特别关心。他觉得，一个国家的强盛，关键在于教育。他说：“比如中美贸易问题、芯片问题等，根源在于教育。如果我们国家有足够的数学家、物理学家，科技就会更先进。中国要想提高竞争力，靠钱不行，一定得靠人才，靠教育为国家输送人才。华为为什么能达到今天的成就？因为我们吸引了700多名数学家、800多名物理学家、120多名化学家、六七千名基础研究专家、六万多名各类工程师……所以，我们国家要想跟西方竞技，唯有踏踏实实振兴教育。亚里士多德说过，思想的防线是一个国家最廉价和最有效的国防。所以我认为，一个国家的强大，是由全体国民的综合素质决定的。”

《道德经》云：“知其雄，守其雌，为天下谿。为天下谿，常德不离，复归于婴儿。知其白，守其黑，为天下式。为天下式，常德不忒，复归于无极。知其荣，守其辱，为天下谷。为天下谷，常德乃足，复归于朴。朴散则为器，圣人用之，则为官长，故大制不割。”大体意思是：明确知道雄强是什么样，却安然坚守雌柔的地位；就好似天下最低调的河流深涧，永恒的大德不会丧失，恢复到如婴儿一样的纯然状态……硬物易折，软皮难断，柔软的应对力才是最好的处世之道。

纵观任正非的所有言论和行为，几乎找不到他对对手的任何攻击性言语。相反，他还多次承认和感谢对手对自己企业的互补与帮助，体现了人类信息社会合作共赢的大局观，这是一种充满了人格力量和人际交往智慧的“柔软应对力”。

有人说：“企业家到了一定高度，自然而然就成了教育家，他除了能培养出企业家，还能够教化人心。”我觉得，任正非就是这样的企业家，他不仅依靠自己沉着敏锐的应对力战胜了困难，也影响了无数的中国企业家。

【新生代的故事】

罗雅元：挥着翅膀的小女孩

教孩子学会应对，让他们对未来生活中的压力有所准备。

美国哲学家约翰·杜威曾说过，世界在未来10年面临的最大挑战之一，是缺乏批判性思维和应变能力的人。应变能力，与其说是孩子们掌握的多种技能之一，不如说是他们人生道路上对于自己综合素质底蕴的积累和展示。

应变能力是建立在应对能力基础之上的。应对能力主要是指对某种困难、挑战等进行正面的对抗、努力或坚持。而应变能力是指无论自己处在什么样的环境中，无论熟悉或是陌生，顺境或是逆境，都能够从容应对、适应变化。

无论是孩子的应对能力或应变能力，都要尽早培养。孩子的应对力、应变力，都依赖于对世界的知觉和解释。当孩子在后天学习到更多的知识和经验，对紧急情况下可采取的应对策略越了解，他们应对环境和处理问题的成功率会更高。

2009年出生的罗雅元，小时候很乖，不怎么哭闹，非常安静。但随着渐渐长大，她的妈妈开始面临一些始料不及的问题。罗雅元出生后体质一直不好，在月子里时就一直吐奶，还有严重的黄疸，经常感冒发烧，两岁前几乎每个月都要去医院，她的爸爸妈妈心痛又无奈，祈祷女儿有一个健康的体魄。

也正因为这样，在罗雅元步入小学之前，父母担心孩子身体吃不消，不想给孩子太多压力，就没有特意培养她的兴趣爱好，没让她上任何形式的培训班，只希望她每天自由自在、快快乐乐地长大就好。然而，如此几年下来，父母又有了新的烦恼——孩子越来越胆小、内向。读幼儿园中班时，妈妈在跟老师的交流中得知，罗雅元表演节目时放不开、不自信，回答问题也不主动、不积极，很难融入集体。

父母听到这着急了，他们终于明白，不让孩子参加任何兴趣班，不去接触新的环境，不找一种合适的方式锻炼孩子，今后恐怕更难改变孩子了。

一次偶然的机会，在妈妈带着罗雅元去图书馆的路上，碰到了“非同凡响—非凡电视小艺员”栏目组的工作人员正在做节目小演员的选拔宣传活动。罗雅元妈妈仔细了解了以后，觉得小艺员训练非常适合罗雅元：一是可以让孩子学到一门兴趣爱好，提高孩子的自信；二是可以锻炼孩子的体魄，让孩子更健康、坚强；三是可以让孩子加入一个新的环境和团体，通过与其他学员一起训练和表演，变得更开朗。

于是，妈妈立即鼓励罗雅元参加。但当时罗雅元是抗拒的，觉得自己不敢在那么多人面前表演。妈妈就说：“没关系啊，你平时不是最喜欢在家里唱歌吗？你就像在家里一样，唱出来就可以了啊。”罗雅元还是找各种理由推脱，总是担心地说：“妈妈，我怕唱不好，我紧张，我怕忘词……”当时，她的妈妈很是头疼与无奈。

后来，我们的工作人员把罗雅元和她妈妈带到公司参观，看了漂亮宽敞的演艺大厅和舞台，还有很多同龄小伙伴的精彩表演后，罗雅元掩饰不住内心的喜悦和热爱。为了打消孩子的种种顾虑，克服自卑，老师和工作人员也一再鼓励她，向她保证，只要她登台表演成功，今后会帮助她在训练中学会各种才能，一定能像哥哥姐姐们那样熟练完美地上台表演节目。最终，罗雅元答应了。

罗雅元妈妈没想到，在初次选拔比赛那天，上台前孩子一点也不紧张，反而是妈妈在一旁总是担心孩子因胆小、不自信、声音小而冷场。罗雅元还安慰妈妈说："没事，不用担心，我能行！"更让人意外的是，罗雅元最后演唱成功顺利晋级。

罗雅元刚进训练班时，我们也曾为她的声音小、不自信而头痛。但是，老师们没有放弃，每天都通过大声歌唱、大声喊叫、大声狂笑等方式，耐心地单独训练她，并不断地去鼓励她、肯定她的每一个优点、通过各种游戏、团队训练的方式提高她的交际、合作能力。渐渐地，她说话、唱歌的声音越来越大，并愿意主动和别人交流，人也变得越来越放松、自信和开朗。

由于体质较弱，罗雅元刚开始训练的时候，每次拉完筋，下课后走路都一瘸一拐的，妈妈就问她，有没有哭？她都坚强地说，课上有同学拉筋痛哭了，但是她没有，忍住了。还有几次，上课前热身，她都跳着跳着就吐了，衣服都脏了，老师就说："要不你今天跟妈妈回家算了。"但她硬是不走，说休息一会儿还要坚持上课。看着她苍白的脸，妈妈和老师都心疼。但是看她这么坚持，大家也只能尊重她的选择，老师拿来干净的训练服给她换上，她缓过来后就立即继续上课。

所以，不要小瞧任何人，每个孩子都有不可估量的潜力。参加训练班半年后，罗雅元的变化真的非常大。老师们和学员们也都很喜欢她，她有多次上舞台演出的机会。有时候有临时演出，需要接连补课训练，罗雅元每天放了学后又要坐车到训练中心加训几个小时，她妈妈担心地问："孩子你会累吗？"她总笑着说："不累啊，做自己喜欢的事，我一点都不累！"那一刻，她的眼里有光。

更让妈妈开心的是，后来罗雅元的班主任也反映：罗雅元在班上变得越来越自信了，经常主动举手回答问题，声音也不像以前一样很小声，现在学校有什么活动，都会第一时间推荐她参加。而且，最近这一年多，罗雅元在学校的主科成绩也在不断提高，两个学期各科都得了 A，还拿了学习进步奖……

为此，罗雅元的妈妈特意给我们写来了感谢信：我知道，罗雅元所有的进步，绝大部分原因是她在这里学会了慢慢打开自己，在各种上台演出中变得越来越自信，在平时的训练中增强了她的体质，磨炼了她能吃苦、遇事不放弃的性格，在团队合作中使她懂得如何积极大胆地应对环境和处理问题。

罗雅元的蜕变也让我感到自豪和开心。培养孩子的过程，其实就是无论孩子过去是什么样子，我们都能找到合适的方法，让孩子在新一轮自我塑造和完善中，能够自我发光。有一句话说："承认差异，关注成长。"在我的从业生涯中，经常会遇到这种性格内向、慢热、对自己不自信的孩子。这不是他们的错，也完全是可以改变的，关键在于给他们找到一个合适的新环境、新平台，让他们获得兴趣、提高自信，学会一定的应对力、应变力，能够快乐地追求梦想。

美国国家儿童发展科学委员会专家曾说过，压力可以分为正向压力、可承受压力和毒性压力。正向压力是有积极作用的，比如孩子参加表演时，有点紧张，这很正常，但最终会收获满满的成就感与自豪感，这种压力里包含着不安、兴奋和期待，不紧张过度，通常更有可能让孩子表现得更好。所以我们一定要培养孩子的应对力和应变力，让孩子面对各种压力或困难时，对自己的行为表现有着足够的掌控力。也只有这样，孩子将来才能战胜更大的压力。

在成年人看来，孩子的童年似乎是一段无忧无虑的快乐时光。但其实小孩子也会经受各种压力，比如上学或是与人交往，诸如此类的事可能有时会对孩子造成巨大的压力。我们无法使孩子免受压力，但是可以把正确的应对策略教给孩子。

【黄金法则】

青少年综合素质教育九大黄金法则之“应对力”

应对力，包含反应能力、观察能力、解决能力等。

纪录片《人生第一次》里有一句解说词：“人类最强大的武器不是核武器，而是豁出去的勇气。”青少年在成长过程中，会遇到很多“人生第一次”，仅仅有勇气面对挑战还不够，我们还需要应对的能力。比如在残酷的现实、意外的挫折、自我的轻视、情绪的波动、时间的掌控、做事的能力、人际的关系等各方面，都要积极应对，让自己摆脱桎梏、挣脱枷锁，释放出属于自己的巨大能量。

美国心理学家米哈里曾提出：当处于高挑战、中等技能水平的时候，好胜心将被激发，人们往往热衷于提高技能；当处于中等挑战、高技能水平的时候，人们会充分享受掌控带来的愉悦体验；当处于低挑战、低技能水平的时候，无聊淡漠的心态会产生，人们进而放弃活动。意思就是，无论是生活还是工作，如果人长时间处于一个不需要挑战、不需要应对技能的状态，就会逐渐走向颓废。

因此，越喜欢挑战，越具备强大应对能力的人，越容易成功。

【经典秘诀】

如何培养孩子的应对力

对于孩子来说，培养应对力首先要从提高反应能力、观察能力开始。

在日常生活中，往往会遇到一些突发事件，如何对突发事件迅速做出反应，并选择最佳方式和时机使自己避开危险境地，这是每个孩子一定要学会的本领。

专家表示，青少年经常参加体育运动，能使神经中枢的工作强度、均衡性、灵活性得到提高，使反射弧整体功能提高，从而表现出过人的反应能力。尤其是6—12岁的孩子，这一阶段是他们发展反应速度和协调性的敏感期，此时训练可收到令人惊叹的良好效果。因此，平时应选择一些有针对性的练习，让孩子进行自我训练，比如抓落尺练习、快节奏跑、跳跃协调性练习等。当孩子到了十几岁时，可以多参加篮球、足球、乒乓球、羽毛球等球类运动，在不断的判断、快速移动、思考战术过程中，孩子的神经系统功能将得到良好的调动，从而快速提高孩子的反应能力。

在提升孩子的反应能力、观察能力的同时，还要注重他们解决能力的培养。孩子年龄越小，解决能力越小，越长大，就越要能自理，要学会自己解决事情。培养解决能力最重要的是要教会孩子凡事不急躁，冷静地思考、想办法，多看书，多锻炼逻辑思维，既能静心，又可增加智慧，学会如何解决问题。

约翰·布洛佩德在《生命之轮》曾这样形容“智者”：智者应该效法水的力量，水虽然柔顺，却无坚不摧；水能熄火，也能变成烟雾而脱身；水能冲走柔软的泥土，但碰到岩石会绕道；它能渗透大气，让风止息；水以伪装的谦卑屈服于眼前的险阻，但没有任何力量能阻止它流向大海；水借着臣服来征服，从不主动攻击，却总能在最后的战役中胜出。因此，智者都像水一样应对自如、游刃有余。

第七章

交际协作：打造最强大核心圈

人与人之间需要不断交流、沟通和协作，才能变得越来越强大。一个人永远不要靠自己一个人花 100% 的力量，而要靠 100 个人每个人的力量。

——美国企业家　比尔·盖茨

【我的故事】

人才赋能！团队让我的公司和学员一起蜕变

团结协作是一切事业成功的基础，是立于不败之地的重要保证。

在人的一生中，团结协作不只是一种解决问题的方法，更是一种道德品质。

比尔·盖茨说过：人与人之间需要不断交流、沟通和协作，才能变得越来越强大，一个人永远不要靠自己一个人花 100% 的力量，而要靠 100 个人花他们每个人的力量。从大学毕业到创办箭翔星秀，十几年的打拼经历，让我深谙此理。

我在筹建箭翔星秀公司时，没有像第一次创业那样，单枪匹马地去干，而是一开始就联合多位业界大咖作为股东。他们大都曾担任影视演员、导演、编导、经纪人等，有的做过影视剧、少儿电视栏目制片、选拔导演，有的参与过《中国达人秀》《非常 6+1》等电视节目区域现场执行导演，还有的是业界有名的流行舞编排、时尚摄影师及活动策划人。尤其是我们得到了香港著名导演陈木川的指导，年近七旬的他愿意做我公司的顾问，并担任“非同凡响—非凡电视小艺员”总监制。他的思维仍然非常活跃，身体也十分硬朗结实，经常和工作组在各个现场指导大型青少年影视剧的拍摄，他的这种拼搏精神，实在令人佩服。

箭翔星秀主创团队除了我和几位联合创始人以及陈木川导演外，还有一批经验丰富、实力强大的专业人才，分别担任选秀总监、执行导演、统筹总监、金牌导师、制作总监、经纪总监、美术总监、金牌节目编排师、音乐制作人等，他们个个身怀绝技，有的擅长流行舞蹈，有的在影视艺术、音乐、编剧创作及综艺节目内容编排等领域造诣颇深，有的曾是世界冠军艺术团队成员，有的是少儿心理健康教育学专家，大家都致力于通过艺术教育来开发青少年综合素质发展潜力。

箭翔星秀创立后，我和我的团队以 JX3 少儿电影电视节目运营中心为执行机构，陆续成立了“非同凡响—非凡电视小艺员”“新生代舞状元”“演员 0010”“星动好声音”“非凡小超模”等栏目组，目标是打造众多原创 IP 电视节目及影视剧集群，为学员提供广泛、高品质的演艺平台。

近年来，艺术教育蓬勃发展，得到了越来越多家长的重视。当今社会已不单是知识改变命运的时代，只有文化基础已不能满足竞争日益激烈的社会需要，也越发跟不上新时代儿童教育事业发展的步伐。而现实中，很多家长又因忙于工作和事业，无暇顾及孩子的综合培养，于是专业的培训机构便成了推动我国艺术教育、挖掘艺术人才、培养青少年综合素质的重要平台。

作为一名过来人，我曾经也演过不少影视作品，与刘德华、曾志伟、周笔畅、黄晓明等明星都有过演艺合作。这些经历让我明白团队的重要性，对我培养学员有很重要的促进意义，也给我的创业带来无穷的力量。

我觉得影视艺术教育对青少年的积极作用是非常明显的，比如拍摄一部影视剧要大家共同协作才能完成，学习表演可以训练孩子的胆量、语言、情商等综合能力。现在以及未来，充满人格魅力的人更有机会出人头地。而表演培训能帮助孩子提高这些综合能力。

一些学员原来脾气很急躁，但经过培训后，他们变得更有耐心、更开朗、更善解人意，也懂得与别人合作，容易相处，这种良好的人际关系非常有利于孩子的发展。还有的学员，过去学习成绩很差，感觉什么都不如别人，内心很自卑。我们在培训时，就会特别强化训练他们的心理素质，增加他们的勇气。比如在现场活动中，我会特意打造一个集体式的开放平台，让他们面对面与观众沟通、互动，让他们在镜头前尽情表达、演绎。通过这种锻炼后，孩子们不仅在舞台上、镜头前克服了怯场心理，也能勇敢地面对生活中的其他困境，充满了团队精神和正能量，极大地提高了他们的学习积极性和自信心。

在我的学员中，还有这样一批小演员，他们在家里和学校都被认为是“捣蛋鬼”“坏孩子”。其实，他们就是比较调皮。到了我们这里，我反而觉得他们很可爱，因为他们天不怕地不怕，敢演敢说敢登台，恰恰成了他们的优势。

由于我们编排的影视剧、电视节目等都着重描写青少年的内心世界，放大他们的生活细节，展现他们在成长过程中的心理变化，让孩子们出演，自己讲述自己的故事，让他们的真情实感得以抒发，使他们有一个塑造完整自我的感官体验。这种释放孩子天性的艺术培训既纠正了他们的缺点，激发了他们的表现欲望，又能引导他们积极向上，提升创造力和人格魅力。

曾有家长对我说，现在的演艺界，尤其是娱乐圈，似乎给人们的印象不是很好，所以担心孩子过早地涉入，对他们的成长会不会有副作用？我认为这种想法很正常。就好像以前无数家长对网络的危害十分担忧，不允许孩子“触网”，但现在的孩子不都普遍学会上网了吗？假如仅因为社会存在阴暗面，就不让孩子接触社会，行得通吗？关键是要正确引导孩子，教育好孩子。

我们做青少年影视艺术培训的，固然希望能培养出很多童星，让更多的孩子实现荧屏梦想，将来成为优秀的明星。但是，我们最主要的目的是打造一个能让无数孩子的未来更加优秀的艺术教育平台。我们希望每个孩子在参加影视艺术培训的过程中能够得到表演、语言、主持、模特、形体、镜头演练等各方面综合素养的训练，让他们今后能更好地适应社会，具有更强的竞争力。

生活中，的确有些家长，一说到让孩子当明星，就会觉得艺路坎坷、黑暗之类的，于是有意避免甚至扼杀孩子的梦想，一些真正优秀、有天赋的孩子，也就这样与明星梦擦肩而过。其实，演艺界、娱乐圈，同样有很多正能量的东西，媒体之所以经常披露一些负面新闻，是因为能获得更多关注度，至少那些负面的东西不是演艺界、娱乐圈的全部。我们更应该看到，很多优秀的大牌明星给社会大众带来了多少正能量，也应该看到，许多从小走演艺之路的孩子，他们的未来即使不是明星，也会发展得不错。

随着影视行业的迅猛发展，无论是国内还是国外，许多家长觉得对青少年真正有益的经典影视作品越来越少，而隐含暴力和不健康内容的影视剧越来越多。这同样是一个误区，其实是因为如今的信息化时代，影视作品总量大了很多，加上互联网的快速传播，让人们接触到了大量影视剧，这是几十年前不曾有的，数量多了，自然会有各种各样的瑕疵，但影视剧的正能量主流依然未变。

曾有学者说过，影视的特征是向所有人传递信息，至于如何理解信息，则是美学里接受之维的范畴。既然人们对影视作品的理解各有不同，那么无论年龄大小都应该有权利看到这些影视作品。实际上，就像任何人或事物的成长壮大都有其过程一样，青少年应该自己去体会、思考，去了解生活和社会中的暴力与不健康行为，才能切实知道这些行为是丑陋的，并与之进行斗争，这样他们才能真正成长成熟。

当然，家长们也没必要过分担忧。首先，影视剧，尤其是国内的少儿类影视作品，都需要经过有关部门的审核。其次，像我们这种专门拍摄制作少儿影视剧的公司，演员都是我们自己培养的青少年，拍出来的作品都是积极向上的，决不会出现不健康的东西。

不可否认，在一些成年人影视剧中，出现了暴力行为或不健康的生活方式。有一些孩子看了这些影视剧后，往往比成年人更容易受影响，因为他们以为这些故事都是真实的，于是对成人世界的情感纠葛、钩心斗角等进行模仿。这个时候，最重要的是家长的引导和限制，尽量不要让孩子去观看这种影视剧，并教导孩子分辨什么是虚构的，培养其正确的价值观。

总之，我觉得艺术教育是一种能够真正提高个人素质、修养的新兴教育。对此，一位音乐指挥家也这样说过：举个例子，像孩子学习合唱这种融合旋律美、节奏美、复调美、和声美、高度综合的声乐表演艺术，作用非常明显，因为这是一种纪律性、组织性和艺术性要求甚高的团体活动，对培养孩子的审美能力，提升艺术修养，增强集体主义、团队协作精神及调和个性的发展，都十分有益。

俗话说："同心山成玉，协力土变金。"每一个集体都是一个团队，五音要调，才能步调一致；五味要和，才有美味醇香。因此，不仅孩子要从小培养这种品质，每一个现代人都应具备这一品质，尤其是企业团队更要具有很强的团结协作精神，才能立于不败之地，这也是我创办箭翔星秀公司积累的重要经验。

【名人的故事】

李子柒：超级网红的成与败

> 单个的人是软弱无力的，就像漂流的鲁滨逊一样，只有同他人在一起，他才能完成许多事业。
>
> ——叔本华

成功道路上一个人的力量是很渺小的，但是如果大家的力量聚集在一起，肯定可以成功。无论是电影《中国合伙人》的风靡，还是美食网红偶像李子柒的成与败，都告诉我们：团队的力量是成功的基础，只有“共创、共担、共享”，才是企业发展的捷径，如果自私自利、产生分歧，注定走向失败。

李子柒本名李佳佳，1990 年出生于四川省绵阳市。她是一个农村女孩，幼年之时，父母就离异了。1996 年，她的父亲早逝。因为继母对她不好，爷爷奶奶便将她接回家。爷爷做过乡厨，善于农活，也会编制竹器，邻居有红白喜事都找她爷爷帮忙，她经常跟着爷爷一起打下手。

李子柒小时候和爷爷一起做木工，会干很多农活。可惜，在她 11 岁时爷爷就去世了，奶奶独自抚养她，生活也变得难以为继。2004 年，她为了谋生，在城市中漂泊，露宿过公园，曾连续两个月吃馒头。做服务员时，她每个月工资只有 300 元。后来她开始学习音乐，并在酒吧找到了工作。

2012 年，因为奶奶生病，需要人照顾，李子柒便留在家乡，以开网店为生，但只能勉强度日。不久，为了吸引更多客流，她开始自己摸索，在网络上发布一些视频。一段时间后，她每天坚持用手机拍一些自己真正拿手的事情，比如做饭。

2015 年，专注于古风美食短视频的李子柒在网上渐渐有了一些粉丝。但是这并没有给她的网店生意带来多少利润，因为她早期的视频质量一般，很多人看只是想回味一下“农村生活”。直到她遇到了一个改变自己命运的伯乐。

2016 年，李子柒收到了刘明同的微博私信，刘明同说自己和妻子偶然看见了她的视频，很喜欢，满足了他们的桃源想象，并说自己的公司和微博有深度合作，可以给予她帮助，希望能和她见上一面。开始，李子柒还以为是骗子，迟迟没回复。直到一天，刘明同说，已经到了她的城市，希望吃饭聊一聊，谈谈合作的事情。

李子柒小心谨慎地与刘明同见了面。刘明同为人谦和，很有礼貌，逻辑清晰，李子柒这才渐渐放下了防备。就是这次见面，让她的人生轨迹发生了彻底的变化。没多久，她就获得了微博的一大波资源支持，蹿红并挤进了头部网红的队列。

刘明同是杭州微念品牌管理有限公司的创始人。很快，“李子柒”也成了该公司最火爆的注册商标。刘明同通过其庞大的公司团队和各种资源，不仅成功将李子柒本人打造成了网红，而且将“李子柒”这个名称做成了品牌。同时，微念与李子柒联合成立了四川子柒文化传播有限公司，组建了一支专门的内容团队。

自从李子柒走红后，广告商们纷纷向刘明同发出合作邀请，有人甚至愿意花 200 万元，只为在李子柒的视频里露个脸，面对如此大的利益，刘明同却拒绝了，因为他知道，李子柒要赚钱，但不是这个时候，当时的李子柒还远远没有达到他要求的曝光度，如果过早商业化，只会很快结束李子柒的职业生涯。刘明同整整做了两年亏本生意，坚持不接广告，只做内容，也因此生产了大量优质的作品，使李子柒大红大紫。

而对于李子柒来说，刘明同及其团队的出现，让她做梦也没想到，自己能够从一名默默无闻的平凡女子，火遍全国甚至全世界。很多人说，李子柒的古风美食视频特别唯美，给人一种精神上的满足与享受，甚至萌发了回归农村生活的念头。这一切不是李子柒本人能够做到的，她遇到了刘明同后，拥有了一支专业团队，才实现了这样的奇迹。就好比拍电影，李子柒是主演，如果没有投资人、导演、摄影师等大队人马组成强大的团队，电影无法搬上荧幕，演员更不可能成为明星。如果没有背后团队的支持，李子柒可能连昂贵的摄影器材都负担不起。

当然，团队和平台很重要，李子柒作为"主演"更重要。没有李子柒本人，这部票房过亿的"电影"就成了无米之炊。视频中的李子柒无所不能，那么多的技能，也都是李子柒学会的。有些是她从小耳濡目染学会的，比如做家常菜，种些常见的农作物、花、果树等。有些则是她专门学习的，比如兰州拉面、活字印刷术、蜀绣、酱油酿造等，都是她特地去找手艺人学的。她勤奋善良、利索能干，凡事总希望做到最好，一个镜头不理想，会一遍又一遍地拍，比如为了拍雪山，光爬山她就花费了 9 个小时，最后镜头拍出来却只用了几秒……

这些品质也都是李子柒能够成功的因素。2019 年底，李子柒旗下产品的每月销售额达到了 4000 万，一年的流水接近 5 亿。同年，李子柒获得了超级红人节"最具人气博主奖"、"年度最具商业价值红人奖"、"年度文化传播人物奖"、"2019 十大女性人物"等荣誉。2020 年，她又成为"中国农村青年致富带头人推广大使"、首批"中国农民丰收节推广大使"之一，并当选第十三届全国青联委员等。

《人民日报》、新华社等纷纷报道李子柒。中央电视台也曾这样评论："李子柒的视频，没有一个字夸中国好，但她讲好了中国文化，讲好了中国故事。她只是默默地在那里干着农活，偶尔跟奶奶说几句四川方言，但世界各地的人，却开始了解'有趣好看'的中国传统文化，并纷纷夸赞中国人的勤奋、聪慧，进而开始喜欢中国人，喜欢这个国家。不得不说，李子柒是个奇迹，一颗平常心做出了国际文化传播的奇迹。”

然而，正当李子柒红得发紫的时候，她与背后的运营团队发生了纠纷。

2021 年 8 月，李子柒的各大自媒体平台突然停更。随后，媒体曝出李子柒和其背后的运营团队——杭州微念科技有限公司发生矛盾的消息。李子柒把微念告上法庭，理由是她成为网红后，带来了亿万财富，自己却没分到什么钱。

原来，李子柒当初与微念确定合作时，设立了四川子柒文化传播有限公司，微念持股 51%，李子柒持股 49%，当时李子柒几乎没出钱，杭州微念出钱出力出资源，所以这分配可以说很公平。但关键的问题就是，李子柒只是四川子柒的股东，却不是微念的股东，而真正的运营团队是微念。李子柒通过网络视频走红，打着她 IP 的产品大部分通过天猫、京东等网络渠道销售，而天猫店铺等是注册在微念名下的，所以源源不断的收入其实都进了微念的账户。

李子柒不是微念的股东，自然不能从这个渠道分到钱。李子柒要赚钱，前提是四川子柒得有源源不断的收入。但实际上，四川子柒就是个空壳子，李子柒爆红后，微念作为大股东，把四川子柒架空，几乎所有的现金流和品牌资产都被微念拿走了。而且，李子柒的个人 IP 虽然已经变成了巨大的品牌资源，这个资源在未来可以不断变现，可是李子柒的相关品牌商标都被微念申请了，所以从法律上说，李子柒打拼了那么多年，很可能最终什么也没有。

出现这样的状况，李子柒自然是要竭力维护自身利益的。创业之初，作为合作团队，大家一起挣几十万的时候，矛盾不大，谁多分点少分点，各自大方点，问题都能解决。可当大家一起挣几十亿的时候，如此分配不均，换谁都无法接受。这也给很多初创业者带来启示：成立公司时，无论作为大股东或小股东，一定要多了解公司股权、团队合约、品牌管理等方面的知识，当公司利润大规模增长时，可以及时商讨更改持股比例，不管线上还是线下销售，一定注意经营主体与自己持股公司的关系，多关注公司经营情况，如果有补偿协议、分配协议等特殊文件，要寻求专业律师建议。

令人欣慰的是，李子柒于 2024 年 11 月复出了，她的新作品全平台播放量破亿，这无疑显示出她依然强大的影响力。李子柒与合作团队的纠纷曾让人为这个优质品牌的命运揪心，但她的复出让我们看到希望，也再次印证了京东创始人刘强东的话："任何一家公司，成功一定是因为团队，失败也是因为团队。"在成长过程中，我们应注重团结协作精神，同时，也要学会在合作中保护好自己的权益，避免陷入类似困境。

青少年在未来的发展道路上，无论是参与团队项目，还是自己创业，在面对利益分配、品牌归属等复杂问题时，要保持清醒的头脑，运用智慧和知识来解决。成为会飞翔的孩子，在成长的天空中，既勇敢追逐梦想，又能安全着陆，实现自身价值。

【新生代的故事】

黄翔：勇敢开拓属于自己的天空

当今社会越来越多元化，将来的生存环境会更加复杂，因此从小训练孩子的交际力、适应力尤为重要。

在这一章节，我为大家带来了一个真实而感人的故事，一个关于成长、挑战与梦想的故事。这个故事的主角，黄翔，是一个普通的中学生，他的成长之路充满了曲折与惊喜，也是我们普通人的投射。

故事要从黄翔进入初中后开始。学科多了好几门，玩耍的时间减少了，而作业量却大幅增加，这让黄翔感到难以适应。一个周末的早晨，黄翔被妈妈的催促声从睡梦中惊醒，因为妈妈今天需要去上班。妈妈上班前把黄翔当天的学习任务安排好了才出门。起床后看到桌面上的一大堆作业，黄翔瞬间感到无比烦躁。他想打开手机听听音乐，正在这时手机响了，是同学发来的信息约黄翔去花城广场玩，黄翔毫不犹豫地答应了，心想今天是周六，明天还有一天可以写作业。

在花城广场疯玩了半天准备回家时，一位手拿着采访麦的小姐姐喊住了黄翔，“这位同学，可以采访一下你吗？”黄翔说：“可以呀！”那位小姐姐问了黄翔很多问题。旁边还有一位大哥哥拿着摄像机在拍摄采访黄翔的过程，就像在电视上看到的一样。采访三要问了黄翔一些个人的基本信息和兴趣爱好，还问了黄翔家长的电话号码。最后小姐姐问：“如果给你一次机会上舞台表演，你想上吗？”黄翔犹豫了片刻，黄翔身边的同学推了黄翔一把说：“黄翔，上呀！”黄翔回答：“可是我什么也不会，不会唱歌也不会跳舞。”小姐姐说：“没关系，你朗诵诗歌也可以。”最后她给了黄翔一份名为“非同凡响—非凡电视小艺员”海选的报名海报，黄翔说：“我先回家和爸爸妈妈商量一下吧。”

妈妈晚上下班回到家，看到黄翔的作业还没完成，气得饭也没做，骂了黄翔一顿。黄翔把今天的情况告诉了妈妈，妈妈听了第一句话就说：“孩子，你不要被骗了。在街上有陌生人问你家庭情况或父母的电话号码，你不能随便告诉别人，明白吗？”黄翔回答：“他们是非常专业的栏目组。”黄翔感觉他们不像是骗子，因为他们只采访了黄翔，而没有采访黄翔的同学。如果他们是骗子，肯定连同学也不放过。妈妈说这件事无法确定真实性。“即使它是真的，你用什么才艺来参加海选呢？”黄翔信心满满地说，他可以在手机上学唱歌。妈妈回应黄翔，说：“好呀，给你一个星期的时间去学。如果你一个星期内学会了，就去报名参加。如果学不会，就不要再提这件事了。”

跟妈妈约定的时间到了。黄翔唱了一遍新学的歌给妈妈听，妈妈一边听着一边时而点头、时而摇头。唱完之后，妈妈问道：“你真的很想去参加海选吗？”黄翔回答：“我想去试试！”参加海选的当天是妈妈陪黄翔去的，一路上，妈妈多次跟黄翔说，不管台上的其他选手表演得如何，也不管自己唱得怎么样，都要坚持把自己的节目表演完，黄翔点点头。

快到自己上台的时候，黄翔心里有点紧张，妈妈看出来了，鼓励他说：“别紧张，在家怎样练的就怎样唱。你看别的小朋友都有家长陪着上台的，妈妈也会陪你上去。”轮到黄翔上场了，妈妈拉着他的手一起走上台。妈妈握着话筒简单介绍了一下情况，说了一句：“儿子加油！”就把话筒递给了黄翔。黄翔演唱的歌曲是《我和我的祖国》，他不知道自己是怎样唱完那首歌的，只知道自己想唱高音的时候音拉不上来，想对准音乐节奏却把握不住，时而快时而慢。他想表情从容自然一点，却觉得整个身体很僵硬，站在那里像是被冰封住了动不了。看到台下的妈妈站在观众席的最前面，用鼓励的眼光看着他。此时他又想起妈妈在来的路上说的话，无论自己唱得怎样，都要把节目表演完。

歌曲唱到一大半的时候，音乐声停了，评委喊停了。终于表演完了，黄翔快步跑下台去，妈妈给了他一个大大的拥抱！他们焦急地等待着评委宣布入围名单，2 号、6 号、9 号、12 号、16 号……39 号！黄翔没听错吧？ 39 号黄翔入围了！他高兴得一边拍着手一边跳了起来，妈妈也高兴得鼓掌，再次给了他一个大大的拥抱！

接下来第二天，入围的选手进入决赛，要求表演的节目和海选的节目不一样。可是黄翔为了海选只学了一首歌曲。第二天就要拿出一个新节目来，时间短，他紧张得直冒汗。妈妈安慰他说："你平时不是很喜欢听歌吗？很多歌曲就算你没有刻意去练习过，但也听得很熟悉了。更何况你还有一个下午和一个晚上的时间去练习，相信你可以的！"他苦练了一个下午和一个晚上，终于把一首歌完整地练会了。

第二天决赛是小组决赛 3 选 1，在导演面前表演，表演节目是清唱一首歌和根据台词即兴表演。和黄翔一组的都是比他小的小妹妹，他瞬间充满了信心。作为三名选手中唯一的大哥哥，他一定要表现得比她们好！凭着这一点信心，黄翔不再紧张，也不再害怕。他从容大方地在导演面前表现自己，最后赢得了导演的肯定，3 选 1 中他胜出了。

正式加入"非同凡响—非凡电视小艺员"栏目组后，每逢周六，黄翔都去栏目组排练节目，他最先学的是跳舞。由于以前从来没有学过跳舞，所以他现在是从零开始。指导老师首先教黄翔的是舞蹈基本功。黄翔不知道学舞蹈原来这么累。在上完第一节课之后，由于从没压过腿，第二天早上起床后连路都走不了，手臂也抬不起来，痛得黄翔在家休息了一天。妈妈知道了，晚饭后陪着黄翔慢慢地走了一个小时。妈妈说："你不能因为痛就不走路啊，你越不走路，痛的时间就越长，你要尽快起来活动活动，这样痛才能快点消除。"

凡事都有开始，都有第一步。勇敢地迈出第一步，第二步就不再害怕，第三步也不再是困难的事。第二次上课是隔了一个星期之后，第一节课的疼痛才刚刚过去，又到了周六。指导老师还是一样训练了黄翔一节课的基本功。第二天早上，黄翔还是像第一次上课一样全身痛得不得了。但是黄翔不再躺在床上不动，他忍着痛在家里练着指导老师教的每一个动作。这一次疼痛消除得比上一次快了很多，妈妈说得没错，真的是越痛越不能躺着，越痛越要动起来。

老师开始教舞蹈了，一个看似很简单的动作，黄翔练了10多遍，但老师说还是没有做到位，要求黄翔课后一定要在家多练习。黄翔觉得自己能记住动作了，所以这一个星期黄翔没有按老师要求去多练习。上课的时候老师检查，叫每人都来跳一遍上节课教的舞蹈动作，结果黄翔跳错了，旁边的同学都捂住嘴在偷笑。老师不但批评了黄翔，而且还当场罚黄翔做了10多遍做错的动作。黄翔因为这件事一节课都不开心，回到家妈妈问黄翔今天怎么回事，黄翔泄气地说他不想学舞蹈了，他想学唱歌。

黄翔妈妈知道了整件事情的原因之后，她说："别急！唱歌后面会学的，我们现在是分阶段学习。你不能因为这件事情就放弃跳舞了。你现在遇到一点点小挫折就说不学舞蹈了，那以后要是学唱歌也遇到这样的情况，你是不是也要说不学了呢？你为什么会被老师批评？就是因为你在家不练习，为什么你会跳错，也是因为你偷懒不练习。这不是老师的问题。还好是练习的时候跳错，如果上台表演的时候跳错那你就更尴尬了，到时候笑话你的人更多。所以我们平时练习的时候就要认认真真地去练，按老师的要求多练习，把基本动作练会跳好。台上1分钟，台下10年功。平时多练习是必须的。因为你以前都没有学习过舞蹈，所以对你来说可能会比较困难一点，但是只要你肯多花时间去练习，你一定会学得越来越轻松的。”

黄翔知道错了。从那以后，每次老师布置的作业，黄翔都认认真真地去练习。黄翔发觉自己越来越爱跳舞了，每当音乐声响起，他都会不由自主地跟着音乐的节奏手舞足蹈。每周六，黄翔都很享受排练节目，一周紧张的学习压力得到了有效的放松与缓解。他也发觉自己学新的舞蹈学得越来越快了。

有一次栏目组要拍摄一个宣传片。有一个舞蹈是黄翔没有学过的，但时间很紧迫，一周后就要拍摄了。组长只给了黄翔视频，叫黄翔自己看视频自学。黄翔所在组有 8 个人，但组长只挑选了黄翔去参加拍摄。既然组长如此信任黄翔，黄翔也不敢怠慢，于是很认真地观看视频并自学。想不到在这么短的时间自己竟然学会了这个舞蹈，而且跳得还不错。黄翔自己都感到很惊讶！原来跳舞并不是想象中那么难。只要自己肯努力，一切都有可能做到！

黄翔所在组的第一个舞蹈作品《朱雀》很快就要在电视台播出了。想到自己可以上电视，黄翔很高兴，很激动。他激动了一个晚上都睡不着觉。为了看黄翔的节目，爸爸妈妈特意开通了有线电视。因为黄翔家平时不看电视，所以之前都没有开通。可以看出爸爸妈妈也很开心，他们还通知了所有的亲戚朋友观看黄翔的节目。黄翔一下子成了焦点，心中的自豪感油然而生。

节目播出的当天，爸爸妈妈早早地下班回家，守候在电视机前等待着黄翔的节目播出。他们看完一遍还要倒回去看回放，看了很多遍都不舍得关电视。亲戚朋友都发来赞美和祝福的信息。黄翔和爸爸妈妈非常开心。

黄翔第一次上舞台参加公演是在岭南购物城。那天，爸爸、妈妈、哥哥、表弟和表妹都来为黄翔助兴。彩排的时候，看到台下挤满了观众，黄翔不由得紧张起来。但当黄翔看到比自己小的弟弟妹妹都勇敢地上台表演时，黄翔暗自鼓励自己，一定要好好表现，把自己的节目表演好，给观众一种更好的体验。哥哥为了拍摄得更清晰，向同学借来了摄像机全程拍摄黄翔的演出。爸爸妈妈也早早地拿着手机等待着拍摄黄翔的表演。表演完毕，全场响起了热烈的掌声，黄翔心里很高兴，一点也不觉得累。

在这之后，黄翔经常参加公演，一次比一次跳得好。舞台上的黄翔不再紧张，表演落落大方，从容淡定，越来越自信了。

学习舞蹈半年后，黄翔开始学唱歌。一开始学唱歌的时候，黄翔没有掌握正确的发声方法，导致喉咙痛得连话都不想说，饭也吃不下，很难受。这时黄翔才知道，原来唱歌不是那么容易的一件事。想唱好一首歌，真的很难很难。而这段时期正好也是黄翔的变声期。妈妈不让黄翔吃辣和刺激性大的食物，这对于无辣不欢的黄翔来说实在是太难忍受了。

黄翔曾趁妈妈不在家的时候偷吃辣食，后来妈妈知道了，扣了黄翔一个月的零花钱。妈妈说："想唱歌好听，一定要有一把好嗓子。你现在是变声期，不能吃辣的食物。你得忍，忍过了这段时期，你吃什么都可以了。也顺便利用这段时间训练一下你的忍耐力吧。你要是做到了，有奖励。自此以后，每当黄翔嘴馋难受的时候，他就打开手机看吃货主播吃美食来转移注意力。

同组的郑宇轩唱歌好听，黄翔特别羡慕他。郑宇轩出了很多作品，成了黄翔学习的榜样。学习唱歌半年之后，黄翔有了很大的进步。

经过他不断的努力，我们为他打造了属于他自己的作品，他已经有 2 首原创歌曲在各大音乐平台上线了。听着自己的歌，黄翔心里无比自豪。同学们知道了，都投来了羡慕的眼光。但黄翔心里清楚，自己还有很多东西要学，音乐功底还不够强，还得继续努力，不能因此而骄傲。

而在我写作这本书即将接近尾声的时候，我筹备多年的少儿电视剧《会飞翔的孩子》于2023年4月29日举行了新闻发布会，并于同年7月正式开拍。

黄翔因之前的优秀表现，成为《会飞翔的孩子》片尾主题曲《总有一天飞起来》的演唱者之一，同时也被选为《会飞翔的孩子》的领衔主演之一，这是他从未涉足的全新领域。他还有机会与林星云、王莉莉、卢家全、何志锋、高大伟、劳劲涛、吴海杰、曾国辉、陈小倩、胡向真、陈雅娟等影视演员共同出演，令黄翔感到特别兴奋和高兴。

黄翔在剧中饰演卢晨阳，一个热爱足球但缺乏面对挫折的毅力的角色。

这个角色与黄翔本人性格迥异。为了演好这个角色，黄翔冥思苦想，思考如何演绎角色的神态表情，如何做好动作和语言的配合。怎样才能更好地展现卢晨阳的性格特点呢？作为领衔主演，黄翔面临着前所未有的挑战。在这部电视剧中，他不仅台词最多，还需要展现精湛的演技，并完成一系列高难度的动作戏。对于从未涉足这一领域的黄翔来说，这无疑是一次巨大的考验。

在拍摄的前一天晚上，黄翔紧张得几乎无法入睡。他一遍又一遍地回想着剧本中的情节，思考如何更好地诠释角色的性格特点和情感变化。然而，越是思考，他越是感到迷茫和无助。这时，我作为该剧的总出品人兼总导演，同时也是他的综合素质教育总导师，从总制片人陈秀莲那里得知了他的困扰。我主动联系了他，并邀请他来到我的办公室，希望能够帮助他解决问题。

在办公室里，我首先安抚了黄翔的情绪，让他放松下来。接着，我向他分析角色的性格特点，并探讨如何在表演中突出这些特点。我告诉他，要想演好这个角色，不仅要理解角色的内心世界，还要学会将自己的情感融入角色中去。随后，我又针对黄翔将要完成的高难度动作戏进行了指导。我详细地讲解了每一个动作的要领和注意事项，并亲自示范给他看。在我的指导下，黄翔逐渐掌握了动作的技巧，并对自己充满了信心。

拍摄当天，黄翔的表现非常出色。他不仅成功地完成了所有的动作戏，还通过自己的表演将角色的性格特点展现得淋漓尽致。导演和剧组成员都对他的表现赞不绝口，纷纷表示他是一个非常有天赋的演员。

这次拍摄对黄翔来说是一次宝贵的经历。他不仅在表演上取得了突破，还学会了如何面对挑战和克服困难。他也更加明白，只有不断地努力和学习，才能在艺术的道路上走得更远。为了支持黄翔，他的爸爸妈妈每天晚饭后都陪着他在家练习，不断指出他需要改进的地方。黄翔的爸爸也友情参演了该剧，虽然戏份不多，但同样充满趣味。

与演员何志峰的合作让黄翔深刻感受到了明星演员的精湛演技，他出色地表现了角色的性格特点，每一个细节都处理得恰到好处，每一个眼神和表情都让人印象深刻。

通过拍戏，黄翔深刻体会到团队合作的重要性。他知道，如果有一个人没有演好，或者拍摄没有跟上焦点，都需要重新拍摄。作为演员，他不仅需要有耐心，还要有吃苦耐劳的精神。

亲戚朋友们得知黄翔拍电视剧后，纷纷夸赞和羡慕他。看到他如此上进，还有父母和亲友团对他的全力支持，我深感欣慰。

我知道，通过这次经历，黄翔已经成长了许多。他不再是一个只会跳舞和唱歌的孩子，而是一个有思想、有情感、有追求的优秀新生代少年。我相信，在未来的日子里，他一定会在艺术的道路上取得更加辉煌的成就。因为黄翔曾经对我说过，他希望自己能像剧中的孩子一样，成为会飞翔的孩子，飞得更高、更远！

而黄翔的故事，就像一面镜子，映照出我们每个人的成长历程。从初入初中的迷茫与不适，到逐渐找到自己的兴趣与方向；从最初的羞涩与胆怯，到勇敢地站在舞台上展示自己的才华；从一次次的失败与挫折，到最终战胜自我、实现梦想的喜悦。黄翔的经历告诉我们，成长并不是一帆风顺的，它需要我们不断地去尝试、去探索、去挑战自我。

而在这个过程中，我们也会遇到各种各样的困难和挑战，但只要我们勇敢地面对它们，积极地寻求解决办法，就一定能够克服它们，实现自己的梦想。同时，黄翔的故事也向我们展示了父母、老师和朋友在成长过程中的重要作用。他们的支持和鼓励，是我们前进的动力；他们的指导和帮助，是我们成长的阶梯。

黄翔的故事虽然结束了，但他的成长之路还在继续。我相信，在未来的日子里，他会继续努力、不断进步，成为一个更加优秀、更加出色的人。而我们也应该像黄翔一样，勇敢地面对生活的挑战，积极地追求自己的梦想，让自己的成长之路更加精彩、更加充实。

【黄金法则】

青少年综合素质教育九大黄金法则之“交际力”

我们每个人的成长，都离不开社会交往。尤其是如今的时代，一个人的力量是有限的，要想有所作为，干出一番事业，就必须学会交际，学会与别人协作。

交际力，就是妥善处理社会关系的能力，主要包括吸引力、亲和力、沟通力、协调力、应变力、交涉力、诚信力、辨识力等。一个人如果拥有和谐融洽的人际关系，能在错综复杂的人际交往中游刃有余，就能在社会上长期立于不败之地。

对于孩子来说，一定要让他们从小懂得，在与别人的交往中，要以真诚打动人，以诚交友，以诚办事，只有真诚才能换来友好合作和沟通，真诚永远是人类最珍贵的品质之一，要以一种高尚的人格做人，以一种独特的魅力社交。

当然，在成长中，我们又要让孩子明白，交际不仅是一味地多交朋友，也要有选择性地交往。古人云：君子之交淡如水，小人之交甘若醴。优秀的人都有卓越的洞察力，在交友时懂得观察别人，善于发现人心的变化，能够随机应变，辨识小人，对于不良交际，一键删除。很多误入歧途的孩子，就是因为交友不慎。

一个孩子，如果从小就有自己的和谐人际关系网络，不仅会过得很快乐，进步也会很大。比如幼儿园时期，喜欢和小伙伴一块玩，懂得分享，就能天天玩得开心；小学时期，无论是学习还是参加各种兴趣班，喜欢互相帮助、共同努力的孩子，成绩一定好，特长会越来越明显；中学时期，那些组织能力强、热爱集体、关心他人的同学，往往都是优秀班干部、学霸；到了大学时期，善于交际的同学就更加吃香了，不仅综合素质能力大大提高，就业基本不用愁，而且良好的人际关系很可能会为其带来创业机会，甚至创造巨大财富的机遇。美国人际关系资源专家哈维·麦凯就巧妙利用人际关系来推销自己，找到了一份好工作。

总而言之，这是一个连接一切的时代，交际力是一种必需的思维方式，也是一种生存的法则，有助于青少年成就人生梦想、实现人生辉煌。

【经典秘诀】

如何培养孩子的交际力

孩子不可能一直在父母的保护下生活，总有一天会走向社会。

在融入社会的过程中，能否与人和谐相处，交际能力至关重要。

那么，怎样从小培养孩子的交际能力呢？

第一，我们要经常带领和鼓励孩子走出家门，与朋友交往。因为社交能力是在与别人交往的过程中形成的，没有交往，就没有机会锻炼交际能力。

第二，孩子与朋友玩耍遇到问题的时候，父母不要着急帮忙，让其自己解决，这样孩子就有机会向其他朋友寻求帮助，齐心协力解决问题。当然，实在不行，父母还是要提供帮助的。

第三，平时家里的大事，孩子如果想知道，也要允许孩子发表意见，这个时候可以很好地锻炼孩子的表达能力、换位思考能力，让其学会多关心身边人。

第四，日常生活中，父母要有意识地告诉孩子，“团结就是力量，要学会与人分享”，让孩子从小就懂得交际的重要性。

第五，除了让孩子去找朋友玩耍，也可以允许孩子邀请朋友到家里来做客。父母外出做客时，条件允许的话，尽可能地带上孩子，让孩子看到大人之间的交往礼仪，多看多听。家里来了客人，也可以把孩子介绍给客人，教育孩子招待客人。这样孩子渐渐就会懂得很多与人交往的礼仪，提高交往能力。

第六，指导孩子选择正确人脉，在校内校外建立和谐的信赖关系，营造良好的人际氛围，积极参加集体活动，协助学校营造你追我赶、力争上游的学习氛围。

第八章

无敌竞争：亮出自我征服世界

这世界是充满竞争的，你千万不能因为自己幸运，就把幸运当成习惯。因为幸运不总留在我们身边。你必须随时告诉自己，今天自己能睡席梦思，明天也许要睡柴房，但不至于被冻死。

——美国前总统　林肯

【我的故事】

非同凡响！独创青少年综合素质教育体系

念念不忘，必有回响。

只有不忘初心、专注执着，才能事业有成、非同凡响。

印度学者普拉哈拉德说过：无论个人还是企业，要想在社会上具备核心竞争力，就必须长期拥有自己特有的、能够经得起时间考验的、具有延展性且竞争对手难以模仿的技术或能力。

众所周知，近年来青少年艺术教育培训行业竞争激烈，要想在这个领域扎根发展，必须有自己的核心竞争力。为此，我在深圳工作的时候，就开始利用业余时间研究了“世界近代名人综合素质剖析”“综合素质组成结构及培养方法”“综合素质学习及运用”等课题，并在箭翔星秀公司开张之前就创立了“青少年综合素质教育的九大黄金法则”“培养国际化少儿人才的36个经典秘诀”等理念，这些独创的品牌理念和企业文化，大大提高了我们的竞争力。

我觉得，艺术教育，尤其是影视类艺术，对孩子的帮助会很大。为此，我用了长达十几年的时间来证明。对于成长中的孩子来说，艺术教育和知识教育都是非常重要的。要想让孩子成为未来时代的精英，决不能把孩子培养成高分低能的学生。在具备了良好知识教育的基础上，再通过艺术教育提高孩子的综合素质，才能使孩子有质的飞跃。

综合素质，主要由人品、文化、口才、艺术、健康、形象、自信、自我学习能力、自我运用能力九个方面组成。在我看来，这九个方面很多都可以通过学习影视艺术来培养，比如我自主研发的“青少年综合素质培养体系”和借鉴国外先进经验摸索出来的“电视小艺员造星训练”，不仅可以让学员们变得阳光自信、充满激情、不怕辛苦、敢作敢当，而且可以使他们强身健体、形象好、气质佳。

我创造的“青少年综合素质培养体系”，包含了“九大黄金法则”“36个经典秘诀”“十八大蜕变”等核心教育理念和学说，主要曰人品道德、文化知识、演讲口才、艺术才能、身心健康、形象风范、自信气质、自学能力、运用能力九个方面组成，并巧妙融入日常培训中，具有严格的培养和考核机制，致力于帮助每位学员实现十八大蜕变：勇敢自信、感恩孝敬、交流沟通、独立自主、自学能力、领导能力、运用能力、演说能力、出众气质、确立目标、抗压能力、身心健康、思考能力、合作精神、奋斗精神、创新精神、丰富阅历、精英品质。

当学员毕业时，“综合素质培养体系”经过对学员进行有效考核评价后，既可在学员中树立先进典型，建立正确的导向激励机制，引导孩子积极向上、自立自强、奋发成才，也让家长更了解自己的孩子，同时有利于向社会推荐优秀人才。

有家长经常问我，孩子想到我公司来进行表演训练，可以帮助孩子培养哪些能力呢？我会耐心地跟他们讲我独创的理念，我让他们记下来或者平时留意一下孩子各方面的变化，最终验证我说得对不对。

已经有无数的经验表明，艺术教育在个体素质的培养中，能使个体素质全面协调且自由地发展，而在群体素质的建构中，同样能使社会群体和谐有序且自由地发展，从而促进社会文明的建设和提高。

从表演来说，这种通过演员的演出完成的艺术，表现形式十分丰富，有话剧、电影、电视剧、小品、舞剧、戏剧、故事等。学员通过训练可以学到一系列表演素质，其中包括外部素质：个人形象，即人的五官、身材、体态、肌肉的总体结构和总体感觉等，但并不是人们所以为的长得漂亮、长得帅；

声音也是一种外部素质，训练有素的发声、气息，清晰的口齿，发音标准的普通话，以及角色语言的表现力、创造性等，这些都是非常重要的素质能力。内部素质则更加深厚：想象力、注意力、观察力、感受力、模仿力、理解力、应变力、创造力、思维力、表现力、爆发力、气质魅力等，这些都可以训练出来。

我举个在表演训练中如何培养想象力的例子。想象就是联想，想象力就是凭借生活经验的联想创造新形象的能力。对于孩子来说，展开了想象力，就展开了创造的翅膀，有了想象力，就有了创造的源泉。孩子刚学表演时，由于生活经验少，无法想象怎么办？我们就从物体的想象力练习开始，要求孩子仔细观察这个物体的形状类似什么，可以当做什么，有什么用处，并且把它们表演出来，而不是说出来。比如一包纸巾、一支钢笔、一条纱巾、一把小梳子、一根一米高的棍子、一张白纸、一根绳子、一块两米长的布、一把糖果等，都要表演出来。

把具体的物体表演出来后，我们又让孩子展开想象力讲故事。由老师命题，四五个人一组，每组讲不同的故事，先请一个同学讲故事开头，在恰当的时候让他停，再请第二个同学接着讲下去，接着第三个、第四个同学继续讲下去……到最后一个同学来讲故事的结尾部分。这样每个同学都可以锻炼思考能力，发挥自己的想象力。故事讲完后，我们还会让孩子们参与表演，扮演同桌、做警察的爸爸、“讨厌”的邻居、家乡的小伙伴、爷爷、失约的舅舅等，通过误会、道歉、感恩等细节再现，让孩子在体验中成长。

像这样的表演练习还有很多种，有专门针对提高注意力的练习——注意力就是把意志、精力放到某一方面，包括持久自控、调整、选择等。我们会轮流请某个孩子当众背诵少儿影视剧台词，让其他人在他面前故意干扰他、逗他笑、做怪动作等，考验他是不是仍能专心背诵。经过我们的训练，孩子都能不受干扰地专心背诵。而未经训练过的孩子，往往因自控力弱、注意力不集中，总是左顾右盼、害羞，或只看地板、天花板，无法背诵下去，甚至干脆跟干扰的人搭话、打闹。

表演练习对提高孩子的观察力也非常有用。观察力就是仔细察看客观事物或现象的能力。我们给孩子进行人物观察练习时，可以两人一组，面对面仔细观察对方的发式、衣服、扣子、裤子、鞋子等特征，然后让一人背过去，另一人改变身上某一处的特征，或把扣子解开，或把长发扎起来，或把袖子、裤腿挽起来，或把鞋带解开，然后让背过去的人转过来，观察对方身上的变化并说出来，让对方确认对错，再换着观察另一人。如此反复训练后，孩子就会练就一双火眼金睛，在生活中也会处处细心观察。有不少家长跟我反映，孩子以前写作文、写日记总是无从下手，但自从学表演后，竟然“莫名其妙”地话越来越多，作文和日记越写越有内容，其实这就是孩子的观察力增强了。

正是有了一套这样独特而完整的“青少年综合素质培养体系”，让我在艺术教育培训中有了巨大的底气，我不仅把这些理念贯穿到整个公司的运营中，而且根据不同的节目为每个学员量身制定为期一年或数年的全套训练指导规划，并通过公司内部的“PSM 节目学员系统”对学员进行全程跟踪训练指导，最终全方位提升每位学员的综合素质。这也是我创办箭翔星秀几年来品牌做得越来越火的原因，我为一批又一批学员成为敢于亮出自我的优秀孩子感到骄傲。

古诗云：“生来左癖称专业，手课儿童为教忠。”

我自幼是一个左撇子，不仅在日常生活中，而且在自己的人生道路上，我不断地遇到过需要用很多精力才能解决的难题。但也正是这种执着的精神，让我在艺术教育这个领域里走得更加专业、稳健、长远。我常常感慨：做教育之人，必须怀有一颗敬畏之心，与孩子一起成长；最优秀的教育者，面临的终极瓶颈，既不是技术，也不是知识，而是教育者自身对世界及自我的认知深度和高度，所以，我必须在“外在世界”做好匠人，在“内在世界”寻求开悟。

【名人的故事】

马云：最大的竞争对手是未来

竞争，其实是一种友谊，在对手的帮助下提高你的聪明度，害怕竞争的人已经输给了对手。

阿里巴巴创始人马云曾说过："竞争最高的境界是什么？竞争是一种乐趣，让对手很痛苦，你很快乐。如果你痛苦他开心，你肯定走错了。竞争的乐趣就像下棋一样，你输了，我们再来过，两个棋手不能打架。心中无敌，便天下无敌。"

马云用实际行动告诉我们：敢于竞争的人，才能成为最大的人生赢家。

出生于浙江杭州一个普通家庭的马云，因年少时不懂事，经常和别人打架，学习成绩很差，他曾两次高考落榜，其间做过搬运工、服务员等苦差，深刻感受到了社会竞争的残酷，第三次高考，他终于考上杭州师范学院（现杭州师范大学）外语系。

马云的性格喜欢争强好胜，敢于跟别人竞争。其实，他少年时跟人打架大多是源于争强好胜，只是方向不对。他读中学时，因学习成绩差，被很多同学笑话，他心里很不服，那时他唯一好一点的学科是英语。于是，他独自到公园去苦练英语。也正是那段经历，让 15 岁的他在公园里认识了从澳大利亚来到杭州旅游的男孩戴维。后来他们成为笔友，双方用英语写信。

几年后，在戴维的鼓励和帮助下，马云的英语水平突飞猛进，他终于找到了一个能够在学习上与同学竞争的特长。也正是因为这个特长，原本与大学无缘的他最终考上杭州师范学院，并当选为学校学生会主席以及杭州市学联主席。

在大学里，因为英语出色，马云信心倍增，努力奋斗，各方面都进步很大。在戴维一家的邀请和帮助下，他上大学时就曾前往澳大利亚旅行，国外的文化、景色改变了他对世界的看法。

大学毕业后，马云被分配到杭州电子工业学院（现杭州电子科技大学）当英语教师，每个月的工资还不到100元。但是，他早已不是那个无知的少年了。不久，积极努力的他利用业余时间，为到杭州观光的外国游客担任导游，西湖边的第一个"英语角"就是他发起的。1992年，他和几个朋友合作创业，成立了杭州第一家专业翻译机构，课余四处活动，承接翻译业务。当时经营非常艰难，他的翻译机构一个月的营业额才200多元，可光是房租就要700元。第一年实在不行了，他就背着口袋到义乌、广州去进货，卖礼品、包鲜花，用这些钱养了翻译机构3年，才开始收支平衡。

马云有沟通天赋，善于建立人脉，所以他的英语学得好，朋友也多。那时，马云任职的学院里有一个来自美国西雅图的外教，名叫比尔。1994年圣诞节刚过后的一周，比尔与马云闲聊时谈起了互联网。马云第一次听说互联网，产生了极大兴趣。原来，比尔有一个侄儿是美国最早的网络服务商之一。

1995年初，马云受委托，作为一名翻译到美国洛杉矶落实一单高速公路投资，随后来到西雅图见到了比尔的侄儿，在他的公司见识了互联网的神奇。

第一次接触互联网，当时马云甚至害怕触摸电脑的按键，他心里想："谁知道这玩意儿多少钱呢？万一我把它弄坏了就赔大了。"他还好奇地对比尔的侄儿说："帮我在搜索引擎上输入单词'啤酒'。"结果只找到了美国和德国的品牌。那一刻，马云就想："如果能利用互联网帮助中国的公司为世界所熟悉，该多好！"当天中午，比尔侄儿就给马云的翻译机构做了一个黄页。

晚上，马云就收到了来自美国、日本、德国等地客户的五份回信，他的翻译机构成了第一个登上互联网的中国公司。随即，马云就和比尔的侄儿谈起了合作，一回国就创建了海博电脑服务有限公司。一开始，由马云寻找客户，然后把资料发到美国，由合作公司制成黄页，放到互联网上，利润双方分成。

马云之所以抓住了这次机会，做起了互联网黄页，其前提条件就是在经过一番实地考察后，他对互联网有了充分的了解。而且，刚起步的时候，他背后还有一家美国公司做靠山，后来互联网进入中国，他的合作伙伴何一兵攻克了技术难题制作出了中国黄页之后，他才彻底脱离美国公司，开始单干。

马云深知，要想成就一番大的事业，就要具备“永远争做第一”的竞争意识。

后来，马云在做中国黄页的时候，迸发灵感，想搭建一个允许两个公司在互联网上直接交易的平台。1997 年，他应对外贸易经济合作部邀请成立了中国国际电子商务中心，在此期间，他的想法日渐成熟。1999 年，他找了 18 个人，一共凑了 50 万元，创建了阿里巴巴……

再后来，大家就都知道了，阿里巴巴一路高歌猛进，成为世界传奇。

在《福布斯》中国富豪排行榜上，马云曾多次坐上首富的位置，他一路走过来实属不易，在把阿里巴巴做大的过程中也历经了很多坎坷，才收获了后来的成就，尤其是曾遇到了很多强劲的对手，比如腾讯、京东等，但他从未畏惧过。

马云曾在一次大学招生演讲中说：未来是我们每个人最大的对手，没有传统的企业，只有落后的企业，没有传统的企业家，只有活在昨天的企业家，对于那些愿意改变自己、适应未来、把未来当作挑战的企业家，机会刚刚开始……

未来是变化莫测的，也是不断进步的。青少年唯有从小积蓄实力，打造自己的核心竞争力，才能成为社会的中坚力量，为发展做出贡献。

【新生代的故事】

张文玉：亮出自己，成为世间最美丽的星

亮出自己，展示你的风采，活出你的个性，与成功肩并肩！

亮出自己，让人生路上留下更多无悔，留下更多精彩，留下更多辉煌！

花儿错过了阳光，就会形如枯槁；芽儿错过了甘露，便不再茁壮；青少年错过了花样年华，可能很难再有这么绚丽多彩的岁月。

热爱这个世界，就请你积极地亮出自己。

对于孩子，我是一直赞成、支持他们去尽情地展现自我的。

在我众多的学员中，大部分也都是这样的孩子，比如2009年出生的张文玉。

张文玉出生在广州的一个艺术之家，她从小就酷爱音乐，不到4岁，父母就开始让她学习小提琴、爵士鼓、吉他、唱歌、跳舞。

张文玉的父亲是一名杂技演员，小时候家境特别贫困，吃了很多苦，历经周折才走出穷山沟，被广州杂技团挖掘，通过长年累月的刻苦练功，成为国家一级演员，代表中国去了很多国家进行比赛表演。父亲的从艺经历使其十分注重对孩子的艺术教育，他发现张文玉喜欢音乐后，就竭力培养孩子这

方面的素养。

张文玉两岁的时候，经常跟着爸爸去观看各种类型的演出，耳濡目染，对音乐及各种表演充满了浓厚的兴趣，她特别喜欢有节奏的音乐，比如架子鼓，她四岁开始学习，经过几年的刻苦练习，架子鼓的演奏水平提高得很快，逐步在各种比赛中崭露头角。

2014 年，张文玉因音乐表演才华出众，成功被我公司选中，并成为我公司旗下签约小艺员。经过我公司的着力培养后，她在舞蹈、说唱、声乐、唱跳、舞台实战与镜头感等综合艺能方面的表现力突飞猛进，并且当年就开始参加电视节目录制，参加各类综艺节目，多次出现在电视荧屏上。

2014 年，张文玉参加第九届中国青少年艺术节，获得了广东省决赛幼儿组金奖，并应邀参加广州电视台跨年大赛；2015 年，她获得了第十二届“德艺双馨”广东省总决赛金奖、广州国际打击乐大赛特等奖、第四届 CIP 国际少儿才艺大赛金奖、达人秀大赛最佳达人奖、超级宝贝少儿才艺大赛最佳台风奖；2016 年，她在广府达人比赛中荣获最佳网络奖、最受媒体关注奖、最佳人气奖；2017 年，她成为中韩小记者第九届长安宝宝十五强选手，代表广东赴韩进行文化交流访问，并参加了江苏卫视《了不起的沙发》、央视《出彩中国人》、吉林卫视《欢乐家庭秀》等电视节目，还在泰国文化交流比赛中获得金奖，在广州国际户外艺术节中拿到首批“艺人资格证”和“特邀嘉宾证书”……

那几年，张文玉还被评为广州国际打击乐形象大使、南方少儿乐团形象大使、南方少儿乐团终身形象大使，并登上了《家庭》杂志、《南方都市报》等的版面。

短短几年间，张文玉就成为一位家喻户晓的小童星。除了我公司提供的广阔资源平台和我们的悉心培养外，更多的离不开她自己的坚持和努力，以及她家人的大力支持。记得张文玉第一次参加“梦想秀”活动，由于年龄太小，她打架子鼓时，评委看不到她，影响了分数，没获得好成绩，当时她心里难受。回家后，她父母和爷爷耐心地与她进行沟通，鼓励她不要灰心。

几分耕耘，几分收获。2017 年，张文玉参加央视《出彩中国人》选拔赛时，节目组要求非常严格，但她在一个星期之内就完成了挑战性极强的新曲子《超级玛丽》，在舞台上发挥得很好，得到了评委们的一致好评，撒贝宁、蔡国庆、朱丹、黄豆豆等大咖评委们赞叹不已，还给她取了个“爆裂小鼓手”的称号。最后，8 岁的她过关斩将进入总决赛，顺利拿到了全国第八名的佳绩。

当然，孩子在学习艺术的期间，总会遇到一些困难。2020 年，张文玉在我公司学习打鼓时，看到别人弹吉他很好听，就同她妈妈讲想学吉他，但她妈妈不希望孩子三心二意，她一度掉了眼泪，对架子鼓产生了抵触心理。她妈妈非常担心，就和我说起这个情况，我得知后和张文玉在办公室长谈了 3 个小时，了解到主要原因是张文玉练习的架子鼓作品难度系数非常大，她自己很想练习好，可又做不到，总会打错鼓点。随后，我和专业老师一起给她指明了方向，希望她继续坚持，告诉她爸爸妈妈培养她这么多年，真的是非常不容易，如果在这个时候她放弃，就等于前功尽弃，每个人都会遇到困难，在困难面前我们需要的是直面困难的勇气。在我们的鼓励下，张文玉最后给妈妈打了电话，保证说自己要打架子鼓，要把曲子练好，她的眼睛里又充满了自信的光。

自那以后，张文玉在我公司训练时，都非常积极自信。有一次，《非同凡响》电视节目第二季录制时，后台的其他人都在练习，因为他们非常紧张，怕上台录制时出错；张文玉却一个人蹲在后台的一个角落里，安静地写着家庭作业，她说自己一点也不紧张，因为她经过了无数次的练习。她甚至很有范地说，为了遇见更好的自己，只有对自己狠点。看着她阳光的模样，我也感到很开心。

张文玉不仅在我公司学艺努力，进步很大，而且在学校也特别出色，学习成绩优异，是学校的学生会干部，是老师的好帮手，是同学们的好玩伴。

她在学校担任很多活动的小主持，是合唱团校歌指挥、实验小学的大队干部，2020 年还被评为“粤港澳大湾区优秀学生”。她很懂事，经常对别人说“我非常幸运，有个好爸爸、好妈妈，他们把所有的爱都给了我，我想学什么他们都支持，所以才有了现在的这些本领和荣誉；小时候我不懂妈妈的爱，爸爸也为我付出太多太多，现在长大了，我一定要更刻苦努力，不辜负爸爸妈妈对我的期望……”

张文玉就读的小学校长这样评价她：从文玉小同学的成长经历中，我们不难发现，后天的家庭成长环境和父母的精心栽培对孩子的成长非常重要；所以说，决定一个孩子的未来能走多远，更重要的是家庭教育，而并非仅仅是学校教育，这也是为什么我们如此注重开展家校合作方面的教育；我们都知道，人有两大心智能力，一个是理性，一个是感性，理性代表科学，感性代表艺术，科学征服了世界，艺术美化了世界，艺术教育不仅可以培养我们的孩子发现美，还可以让他们获得感知幸福的能力。

如今的张文玉，爵士鼓已考过广东省十级演奏证书、全国演奏证书（10 级）、英国伦敦圣三一演奏证书（8 级）。吉他演奏也拿到了 8 级证书，小军鼓已考过 10 级。她还是我公司“非同凡响—非凡电视小艺员”签约小艺员及代言人，2021 年再次获得第十七届“德艺双馨”广东省总决赛少儿 B 组金奖，参加我公司举办的《非同凡响》第四届明星音乐盛典时，与黄一飞、光泽、卢庚戌等明星艺人共同演出。

由于张文玉经常上电视，她在学校里已经是一位“名人”，同学老是找她签名，说以后张文玉会是一位大明星。

可是，张文玉说自己的梦想是当一名音乐老师，她觉得自己具有音乐方面的天赋。她俏皮地说：“张文玉不会是一名严肃的老师，我会用轻松的方式教学，让更多人爱上爵士鼓及唱歌跳舞等艺术技能。”

像张文玉这么多才多艺、品学兼优的孩子，无论家长，还是我们老师，都深感骄傲，衷心希望她再接再厉。

当今世界，我们更需要展现自我的主动。人生不能被动，我们需要主动，只有主动，我们才能超越别人；只有主动，我们才能抓住成功的机遇；只有主动，我们才能稳操胜券。在激烈的竞争中，机会稍纵即逝，要想抓住机会，就要主动出击，从动作和态度上积极一点，敏锐一点，当别人尚未意识时，你已意识到了；当别人尚未起步时，你已走上征途……

其实，我们每一个人都是一颗星，一颗美丽的星，也许岁月掩盖了它的色彩。但“天生我材必有用”，是星，总要有自己的位置，是星，迟早会发出光亮。

所以，亮出自己，发挥自己的聪明才智，才会成为世间最美丽的星。别犹豫，莫胆怯！我们一定要学会当机立断，善于表现，亮出自己！

【黄金法则】

青少年综合素质教育九大黄金法则之“竞争力”

竞争力，是参与者双方或多方的角逐或比较而体现出来的综合能力。就个人而言，竞争力是指个人的社会适应和社会生存能力、个人的创造能力和发展能力，是一个人能否在社会中安身立命、做出成就和贡献的根本。

个人竞争力并非成年后才形成，而是从小积累的。我们通常所说的个人竞争力的各种构成要素，一般仅仅限于通过个人的努力以及个人的自我修养而形成的竞争能力，而不包括因非个人因素而形成或具备的竞争力，比如因他人而获得的机会、由他人所创造的条件、父母留下来的财产等。

马云曾在一次国际校长联盟大会上对话全球1500多名校长，分享了自己对于未来教育的看法：“未来教育必须个性化，学校应是丰富多彩的，要让孩子成为最好的自己而非学习机器。如果我们依然按照过往的传统教导孩子，强调更会记、更会算，那么，我相信，在未来二三十年，我们的孩子将面临巨大的挑战，他们将会找不到工作，他们未来无法和机器竞争。”

我非常赞同马云的观点，基础教育搞好了，孩子从小拥有较高的综合素质，那么高等教育就不用愁了。就像建房子打地基一样，地基越牢固，楼层才能建得更高。就如马云所说的，我们的孩子，未来不仅要跟他人竞争，还要跟机器竞争，人工智能时代的到来，我们已经能感知到生活的快速变化，而未来，变化可能会更加激烈和残酷。因此，我们必须从现在就开始培养孩子的竞争力，让他们紧跟社会步伐，不被未来的时代潮流抛下。

【经典秘诀】

如何培养孩子的竞争力

世界在日益开放，人才的竞争逐渐消除国籍的界限。在未来，竞争的不仅仅是孩子，也包含着家长。我们是孩子的引路人，一定要用科学的方法，用爱的方式，尊重孩子自身的选择，为孩子的未来竞争力打下坚实基础。

第一，树立健康的竞争观念。对孩子来说，竞争不是争吃、争穿，而是知识和智能的竞争，更是意志、心理状态和做人的比拼，即竞争能力和潜质的培养。我们既不能让孩子回避竞争，也不要一味地从小鼓励孩子去“比”和“争”，要教会孩子懂得有赢也有输，争强好胜要有度，不要让孩子埋下嫉妒的种子等。

第二，决定孩子核心竞争力的不是学习成绩，而是综合素质能力。比如本书中我倡导的九大综合素质能力，还有培养孩子的独立生存能力、良好的习惯等。

第三，懂得“智”者为王。多开发孩子的智力，挖掘孩子的兴趣，加强其创新思维能力，尤其是要培养一两门特长，打造孩子的核心竞争力。作家郝景芳说，我们这一代人的下一代可预见的是将会与人工智能共处。面对崭新的世界，未来的学习方式和思维肯定会发生巨大的变化，因此现在的孩子必须学会创新。当父母发现孩子的创新行为时，要耐心、包容、赞美，还要鼓励孩子多看、多听、多探究，尊重孩子的意见和好奇心，让他们的想法和创意得到锻炼和提升。

第四，要想让孩子未来有竞争力，父母首先要让自己成为有竞争力的父母。父母要不断地学习、更新观念，一定要有前瞻思维，用未来的眼光实施今天的教育和培养，更要知道父母的事业不是工作、不是生意，这些都是谋生的手段，只有教育培养好孩子，才是父母、家庭最核心、最伟大的事业。这个事业的终极目标，就是让孩子在未来步入社会时具有强劲的竞争力。无论父母创造了多么大的财富留给孩子，都比不上孩子自身具有强大的竞争力。

第九章

学无止境：放眼全球遨游太空

知识是智慧的火炬，每个人都必须学习才会走得更远。没有人像我这样，在艺术上花费如此巨大的时间和心血。谁和我一样用功，谁就会和我一样成功。

——奥地利音乐家　莫扎特

【我的故事】

与国际接轨，倾力打造新生代原创IP影视集群

> 教育要面向现代化，面向世界，面向未来。
>
> ——邓小平

如今这个互联网时代，各行各业的信息飞速流转，各种事物在不断更新换代，想要跟上时代的步伐，我们必须时刻保持强大的学习力。一个人能有多大成就，不是取决于他有多少知识，也不是取决于他的学历有多高，而是取决于他是否愿意学习新知识、接受新事物。我们不仅要终身学习，还要向全世界学习。

为了学习国外的先进经验，多年前我曾到欧美各国参观学习和交流考察。创办箭翔星秀品牌后，我开始运用国际化思维打造学员培养模式，最终目标是希望能把学员培养成具有国际化视野的孩子，帮助他们将来成为全球性人才。

我公司主要采用国际流行的电视小艺员模式培养学员和打造青少年艺人明星，这种培养模式最早起源于欧美国家。中国有很多明星艺人都是去国外当电视小艺员然后出道成名的。电视小艺员培养模式对青少年的综合素质提高也非常有效，相比传统艺术教育培养方式（普通培训机构）来说，电视小艺员培养模式选苗要求更严格，训练科目更专业、更系统、更全面，只有通过层层选拔被挑选上才可以做电视小艺员。

我们的电视小艺员训练模式主要有四点优势：一是专业综合艺术课程相当丰富，可以使小朋友在礼仪、礼貌、礼节、思想品德、口才、文化知识、

综合艺能、身心健康、形象气质、心理等各方面素质得到迅猛提升；二是训练系统机制非常严谨，每周、每月、每季度、每年度都有考试及不定期的舞台实践，检验所学内容及进行平台展示，让电视小艺员所学内容得到巩固；三是对电视小艺员划分不同级别的班级，从初级到高级都有严格的挑选标准和要求，初级到高级会进行科学分类，比如从最基础的“人类第一语言”（行走）开始，到最难的“人类第五语言”（影视表演），循序渐进，让电视小艺员的综合素质得到整体提高；四是电视小艺员训练非常注重基本功、成品的结合以及舞台上与镜头前的表现力等，而传统培养方式一般只是注重舞蹈、唱歌、影视表演的成品编排及演出，往往忽略了基本功的培养，急于求成，揠苗助长，导致表演生硬、不自然、不自信、不专业，反而耽误了训练和学习的最佳时间。

我个人认为，在目前的中国乃至全世界，电视小艺员的培养模式是艺术教育中，尤其是影视艺术中的最佳方法之一，它不仅可以全面提高孩子的综合素质，更有可能培养孩子成为优秀的艺人、演艺明星或行业明星。

在艺人养成过程中，我们的每位学员都有机会获得“电视节目入选证书”“节目录制演出证书”“节目作品证书”“优秀艺员证书”“电视小艺员结业证书”“综合素质评定证书”“艺术特长基因检测证书”“专业考级证书”等相关证明。

另外，我们有丰富的影视平台资源，每一位学员在成为节目艺人之后，都有机会登上各种舞台和荧屏，他们通过科学有序的专业训练，参加原创音乐录制、MV 拍摄、节目录制、网综节目的录制等相关的演艺活动后，必将大幅提升自身的各项综合素质及整体形象。

除了打造电视小艺员培养模式，几年来我们也精心制作了《非同凡响》《演员 0010》《新生代舞状元》《星动好声音》《非凡小超模》等众多原创 IP 少儿电视节目及系列影视剧。

我们联合拍摄制作的金鹰纪实卫视电视小艺员纪录片《天天微纪录》、

CCTV12少儿法制普法节目《法制与新闻》、广东综艺频道电视小艺员音乐放送节目《星动好声音》、广东新闻频道少儿校园新闻资讯《名校报道》、广东卫视大型舞蹈竞技类节目《新生代舞状元》等原创IP电视节目及电视系列影视剧，也都受到了广大观众青睐。

这些节目和影视剧，我们都是一边不定期选拔培养电视小艺员，一边拍摄、制作、播放，为广大学员提供全方位的蜕变成长平台。我们拥有强大的电视媒体资源，与全国品牌卫视及电视台达成中长期战略合作，而且我们始终坚持制作众多原创IP电视节目影视剧，形成产业集群化，创建新形态娱乐产业链，营造具有中国特色的新生代荧屏文化，再借助舞台及荧屏的历练，让普通孩子变得优秀，让优秀孩子变得卓越，让卓越孩子变得独一无二，成为国家栋梁之材。

比如我们的品牌栏目“非同凡响—非凡电视小艺员”，在艺人培养规划内容中，仅一年期的学员培养规划就设置了150个课时，包括标准声乐训练35课时、舞蹈训练35课时、唱跳表演训练35课时；辅助提升训练（模特、主持人、影视表演、创作提升） 15课时、组合节目训练15课时、节目录制强化训练15课时，每个课时的时长均为60分钟。培养规划内容包含音乐类，下设基础乐理、流行音乐唱法掌握、影音实践、情绪表达、舞台表演、演唱技巧、音乐鉴赏、表演素养、个人风格、创作了解；舞蹈类，下设身体素质、律动提升、身体分离、身体框架、音乐分析、队形意识、舞台意识、舞蹈元素理解及掌握、编排意识；成品类，下设音乐分析、舞蹈进阶提升、队形意识；录制类，下设镜头感掌握、节目录制能力掌握；模特气场类，下设仪态训练、演艺试镜训练；语言类，下设语言艺术、影视表演以及结合出演剧本针对性的语言表演台词及影视表演课程体系；服装与造型类，下设演艺包装、妆容；形体体能类，下设健康、礼仪修养、体能强化等。

我们每年培养上千名学员，不仅帮助他们自我蜕变、自我强大、展现自我、实现自我、放飞自我、成就自我，而且通过众多原创IP电视节目及影视剧集群、各种各样的大型活动，竭力为他们提供机会与平台，让他们实现了舞台梦、演员梦、荧屏梦、艺术梦。比如我们签约打造的张文玉、黄皓暄、张艺芸、卢文君、欧阳若曦、刘语萱、郑宇轩、董嘉璐、赵洋晨、赵奕杰、陈梓扬、梁晋侨、龚宸希、朱壮濠、祝熙隐、SUPER-C3、WONDER.Q 等众多小童星及组合，都参与了全国各大卫视的青少年儿童品牌电视节目及网络品牌综艺节目，出席了全国各大影视剧及大型文艺演出上百场，还荣获了众多国内外奖项和社会各界的褒奖。

2018 年 12 月，以“最好的我们，非同凡响！”为主题的“非同凡响—非凡电视小艺员”巡回公演见面会，也是“非同凡响—非凡电视小艺员”栏目组巡回演出首次舞台。当晚，学员们不断以酷炫的舞蹈和动听的歌声点燃全场，令观众惊喜不已，意义非凡。2019 年 4 月，我们又结合世界“地球日”主题主办了“牵手地球”歌友会，“非同凡响—非凡电视小艺员”栏目组的学员们以舞台表演的形式，淋漓尽致地展现了中国新生代的新面貌，活泼天真的学员们用心怀天下的胸襟、积极的青春正能量影响世界，让箭翔星秀品牌在业界内深受青睐及好评。

我们还先后组织主办了“WEYOUNG 路演”、“新生代舞状元 · 舞力全开”、“新生代舞状元 · 舞侠觉醒”、每年一届非同凡响音乐盛典。2018 年 12 月 22 日我们在广州市 5G 广场举办了第一届非同凡响音乐盛典，2019 年 7 月 28 日在广州时尚发布中心举办第二届非同凡响音乐盛典，2020 年 12 月 19 日在广州市白云万达广场举办第三届非同凡响音乐盛典，2021 年 10 月 16 日在广州久米空间举办第四届非同凡响明星音乐盛典，一年比一年盛大，一届比一届更有特色，而且有更多不同的重量级嘉宾出席现场，比如歌手组合水木年华、流行音乐男歌手光泽、著名演员黄一飞、男中音歌唱家刘刚、新锐女歌手埼钰等，众多嘉宾明星与我们的学员同台演出，掀起了舞台狂潮，近距离接触明星大大提高了孩子的舞台表现力与自信力。

箭翔星秀创办以来，我和我的团队凭借自身的影响力，已先后与全国各品牌卫视节目及电视台进行了合作，比如中央电视台《超强宝贝》《童声唱》《非常 6+1》《黄金 100 秒》《幸福账单》《快乐体验》《星光大道》、湖南卫视《神奇的汉字》、湖南金鹰卡通频道《疯狂的麦咭》、江苏卫视《加油饭米粒》、江苏综艺频道《家庭卡拉 OK》、山东广电 KSD《国际少儿时装周》、河南卫视《童声咏经典》、中国教育卫视《最强小孩》《小小演说家》、湖北卫视《童声朗朗》、爱奇艺《超能幼稚园第二季》、星光 YOUNG 年度公益盛典，以及广东卫视、南方卫视、凤凰卫视、澳亚卫视、珠江影视频道、广东综艺频道、广东新闻频道等。

随着“双减”政策的逐步落实，国家指出要开展丰富多彩的科普、文体、艺术、劳动、阅读、兴趣小组及社团活动，倡导和落实学生的德智体美劳综合素质全面发展。为此，我和团队也积极响应国家号召，于 2022 年初正式成立了广东经济科教频道影视艺术中心白云区办事处，与各艺术机构、艺术团体、文艺单位共同打造一个艺术精品栏目平台，为有艺术梦想和才能的孩子提供一个专业、优质的集演出、训练、艺能包装、推广为一体的权威机构，希望通过我们的努力，让更多的孩子获得快乐，实现梦想。

作为业界的佼佼者、知名品牌，我们每年让上千名青少年儿童在电视荧幕上展现自我，不仅培养了他们的兴趣与学习热情，还塑造了他们的胆识、自信与内在动力，助力学员成功考上深大、浙大、星海、中传、上戏等优秀学府，甚至吸引了韩国娱乐公司的关注，我们的学员遍布各地。箭翔星秀也得到了中国网、人民网、中国日报网、腾讯、新浪、网易、搜狐、凤凰网、南方网等众多媒体平台的关注和报道，受到许多明星艺人及社会名流的好评与认可，赢得了无数家长的高度称赞和信赖，声名远扬。

今后，箭翔星秀将坚守初心，深耕青少年艺术人才培养，全面提升新生代综合素养。我们构建积极的成长环境，激发孩子的内在动力，鼓励他们探索未知，追求潜能最大化。我们也会优化九大素质教育体系，融合影视实践精髓，让孩子在镜头前成长，培养兴趣、自信与探索精神。我们勇于创新，打破传统，打造顶尖少儿文娱项目，拓宽孩子舞台。

团队满怀热望，以影视艺术为媒，激励 2 亿孩子勇敢追梦，自信应对挑战，成为全面发展的时代新人。每一份努力，都为中国梦添砖加瓦。我们携手并进，共创辉煌篇章。

在此，我也记录一下自己曾写过的一首拙诗：

箭翔星秀
是一个既有古老东方文化神韵
又有现代西方潮流娱乐元素
培养国际化人才的少儿教育品牌

我们拥有
后羿射箭的英雄气概
飞翔之王的出色能力
宇宙星球的浩瀚无垠
世界舞台的演秀愿景

我们注重
文化与艺术兼修
通过影视作品、电视节目、舞台表演等
竭力培养中国新生代的
九大综合素质

我们充满
青春激情和人类正能量
用文化艺术熏陶孩子

用造星方式培养人才

用顶尖团队引领成长

用科学技术塑造未来精英

用现代理念教育中国少儿

用最宽广平台放飞追梦人

想要，孩子更优秀

就来，箭翔星秀

【名人的故事】

廖昌永：从山村穷少年到世界华人歌王

只有民族的，才是世界的。中国音乐要想走向世界，走得更远、更长久，必须从民族音乐开始，而且要有国际性的视野、语汇、审美等。

廖昌永是我国著名男中音歌唱家，也是一个农民的儿子，少年时代他吃过很多的苦。这位曾经在一年内就囊括了三项世界声乐顶级大奖、创造了史无前例奇迹、被西方评价为世界华人歌王的优秀男中音歌唱家，有着非同凡响的传奇人生。

2020 年全国两会期间，廖昌永在接受记者采访时表示：希望能让更多中国音乐作品“声”入人心，走向世界。作为实力派歌唱家，他的很多歌曲唱哭了无数人。

廖昌永曾是一位沉默的少年。谁也不会想到，这位叱咤国际歌坛的华人歌王，童年不但没有音乐，甚至都没有人记得他童年发出过什么声音。他出生于四川郫县的一个普通农民家庭，父亲在他七岁的时候因病去世，这使他幼小的心灵遭到沉重打击，他很少说话，成了一个孤寂的孩子。但他特别听母亲的话，常常一个人藏在房屋后的竹林里看书学习，有时憋闷得难受了，他就在竹林里放声大叫。

上中学时，廖昌永的三姐嫁到了川西阿坝藏族羌族自治州，他便随三姐到那里读书。那里的同学大多是藏族和羌族，语言不通，这让他依旧沉默少语。不过，从那时起，他觉得外面的世界很大，他渴望自己有朝一日能够走向更大的世界。

廖昌永说:“也许正是因为我的童年和少年没有说太多的话，所以在变声期声带保护得好，造就了后来的好嗓子。”他童年在家乡唯一听过的音乐就是村口大喇叭里偶尔传出的革命歌曲。他第一次对歌曲产生兴趣是在高中二年级的时候。有一天，他听到学校大喇叭里传出一首歌，他觉得非常好听，放了两三遍之后他就会唱了，那是他学会的第一首歌。后来他才知道，那首歌是女中音歌唱家关牧村演唱的《金风吹来的时候》。从那首歌开始，他喜欢上了唱歌。

但廖昌永总是躲在没有人的地方唱。直到临近高中毕业的最后一个新年晚会，他才第一次在众人面前开口唱歌，赢得了全场热烈的掌声。顿时，“廖昌永唱歌真好听”的消息在学校里口口相传。一位仅比他大三岁的音乐老师对他说:“你有唱歌天赋，去考音乐学院吧，我介绍一位老师帮你辅导。”

人生的关键时刻，真的需要一位伯乐，才能让自己腾飞。那时的廖昌永既不懂乐理，也不识乐谱，但是，他凭着对唱歌的喜爱，跑到成都去拜师。老师起初不太愿意教，因为距离考试只有一两个月的时间，一切从头学起，根本来不及。

况且，廖昌永根本交不起学费。他当时很郁闷，回到家里，母亲看出了儿子的心思，便把家里养得最肥、最漂亮的一只长着七彩羽毛的大公鸡捆起来交给儿子说:“你再去求求老师，就说这是咱家里最好的礼物，老师一定会收你的。”

廖昌永的眼泪夺眶而出，捧着那只大公鸡再次去成都拜师。他的真诚和执着打动了老师，不仅收下了他，还照顾他、辅导他。他先是报考了四川音乐学院，没被录取。但他不气馁，又去报考中央音乐学院，还是没被录取。后来，他又报考上海音乐学院。功夫不负有心人，最终他被上海音乐学院录取了。

出发去入学报到时，廖昌永穿着母亲倾其所有为他置办的新衣服、新皮鞋，踏上了去上海的火车。哪知刚到上海，就下起了倾盆大雨，他实在舍不得把新皮鞋踏进水里，于是他脱下皮鞋塞进背包，背着行李赤脚走向梦寐以求的艺术殿堂……

进入上海音乐学院后，自卑的阴影依旧笼罩着这个来自农村的穷孩子。那时，廖昌永每月的生活费只有五六十元，还是三个姐姐轮流寄给他的。每天不超过两块钱的生活费，对一个二十来岁的小伙子来说根本不够。而且，他的同学大多出身自音乐世家，自幼受到良好的音乐熏陶，有很好的音乐基础，而他入学后第一次考试，竟列全班倒数第一，更加增加了他的心理压力，使他很难找到自信。

为了能在同学面前抬起头来，廖昌永唯有在内心里不断激励自己，奋发学习，刻苦练声。在上海音乐学院的教学楼里，有一间不大的琴房，他第一次走进这间琴房的时候，里面有一名比他大两届的女同学正在练声，非常投入。他在那名女同学身后站了半天，待声音停下来后，他才腼腆地说："我叫廖昌永，老师说从今天起我和你用这间琴房练习。"从此，那间琴房成了学院里最繁忙的一间琴房。

梅花香自苦寒来。经过刻苦学习，一年后，廖昌永的各项成绩都名列前茅。

后来，从那间琴房里走出两位蜚声海外的世界级歌唱家，一位是廖昌永，另一位女同学就是著名女高音歌唱家黄莺。

1996 年，廖昌永连续三次代表我国参加世界顶级声乐大赛，获得了"第41 届图鲁兹国际声乐比赛""多明戈世界歌剧大赛""挪威宋雅王后国际声乐大赛"的第一名。著名西班牙男高音歌唱家、歌剧大师多明戈听完廖昌永的演唱后问他："你是意大利哪所学院毕业的？"他回答："我至今还没有去过意大利，我是中国上海音乐学院毕业的。"多明戈感到不可思议，他评价道："廖昌永是我所听到过的最优秀的男中音，他是真正的中国制造的世界级歌唱家！"

再后来，廖昌永的足迹遍及世界各地，先后与十几个世界著名交响乐团以及多明戈、卡雷拉斯等多位歌剧大师合作演出了十几部歌剧、音乐会，得到了很高的评价。

有一次，廖昌永与多明戈在美国肯尼迪中心广场演出后，《纽约时报》给予了极高赞誉："廖昌永是近年来我们听到的最优美的男中音，他演唱的风格和对语言的把握，让我们难以置信他来自中国。我们相信，他将有一个极为辉煌的明天。"

一向吝惜褒誉辞藻的《华盛顿邮报》也对廖昌永做了特别报道，报道中说："在这个挤满了世界杰出歌唱家的地方，最耀眼的明星是来自中国的廖昌永。他对威尔第歌剧的准确把握，使他犹如一位天生的威尔第歌剧之王，全身都散发着威尔第的气息；他坚实、优美、浓郁、淳厚的音色和音质以及流畅的气息和无与伦比的艺术感染力，使肯尼迪中心为之疯狂。我们坚信这位天才的艺术家是当今世界歌坛的瑰宝。"

廖昌永的成功来之不易，除了他的勤奋和天赋，他遇到的几位老师也起到了关键的作用。他说："我遇到的每一位恩师都给我带来一次转折和飞跃。"

廖昌永的第一位恩师叫罗魏。这个刚从意大利留学归来的老师，没有因为他音乐底子差而排斥他，更没有因为他土气、贫穷而嫌弃他，而是兢兢业业、一点一滴地帮助他把专业知识补上。他说："罗老师的教育方式深深感染了我。他永远是在鼓励学生进步。我记忆最深刻的是，他带我练声的时候总是会很兴奋地说，太棒了，太棒了，这样唱比某某著名世界级歌唱家不差！他不停地鼓励，让一直很自卑的我感觉特有信心。罗老师不仅在专业上对我谆谆教导，在生活上对我也是倍加呵护，经常把我叫到家里去吃饭，我最喜欢吃罗老师做的武昌鱼，在我的记忆里，罗老师做的武昌鱼是天下第一美味。"

后来有一天，罗魏老师带着廖昌永去美国领事馆办签证，回来时对廖昌永说："把这条路记住了，你早晚也会走这条路的。"

当时，廖昌永并不理解老师这句话的含义。不久，罗老师去了美国。他很难过，甚至产生了弃学的想法，不停地给罗老师写信，但罗老师杳无音信。

直到十几年后，廖昌永在美国偶然见到罗魏老师时，不禁泪流满面。他质问罗老师："为什么一封信都不回？"罗老师说："没有人可以让你依赖一辈子，如果我给你回信了，说不定你到现在还会依赖我。"实际上，罗魏老师并没有无情地抛下廖昌永，而是把他托付给自己的老师周小燕。

周小燕是我国声乐泰斗，也是世界著名的声乐教育家。周小燕走进廖昌永的心里，是从第一次为他剪头发开始，那是周小燕给廖昌永上的第一课，她慈母般的关怀给廖昌永心里注入了一股暖流。

尽管廖昌永经过努力已经成为很优秀的学生，但是，周小燕却对廖昌永说："你不能只是在中国唱几句意大利文、法文。你要是有本事，就在中国唱中国歌，让中国人喜欢你；到了外国，又能唱外国歌，让外国人也佩服你。你必须学精、学透、学到家。"

这句话对廖昌永影响很大，他从此开始学习地道的法语和意大利语的发音。

后来，多明戈、卡雷拉斯等很多世界音乐大师，在与廖昌永合作演出后都称赞廖昌永有极高的语言天赋，语感很出色。

廖昌永还有一位恩师，就是多明戈。但是，他很少向人炫耀他与多明戈的传奇师生缘。多明戈很器重他，不仅多次与他同台合作，而且还给他创造了很多与世界著名乐团、世界顶级艺术家合作的机会，使他迅速唱遍世界著名音乐厅，赢得了世界各国观众的掌声与喝彩，成为在世界乐坛享有很高声誉的歌唱家。

廖昌永还有一位"恩人"，就是他的妻子王嘉。读大学时，他经常收到匿名汇款，汇款单上总是写着同样的一句话："多吃点，保重身体！"但木讷的他一直不知道这个给他汇款的人是谁。直到他与同学王嘉热恋之后，有次王嘉陪他一起上课，帮他记笔记，他认出王嘉的笔迹与汇款单上的一模一样，才恍然大悟。

“那一刻，我忍不住哭了！”廖昌永动情地说。他与王嘉相识是在上海音乐学院的琴房里，王嘉也是四川人，出身音乐世家，弹得一手好钢琴。有一次学校的四川籍学生同乡会演节目，需要有人给他伴奏，一位同乡找来了王嘉，两人便认识了。他与王嘉恋爱的开始，是在一次假期从上海回四川的火车上，对王嘉倾心已久的他买了个西瓜，打开后挖了一块给王嘉，恋爱就从那一刻开始了。

而王嘉给廖昌永寄钱是从他们恋爱前很久就开始了。有人问王嘉，为什么同在一所学校，却要把钱匿名寄给廖昌永？王嘉说：“对于男人来说，尊严最重要，比钱更重要！爱一个男人，就要给他充分的尊严，在任何时候都给足他面子。”

在廖昌永成名之后，有人跟王嘉开玩笑地说：“你买了一个绩优股，而且还是原始股！”实际上，廖昌永之所以成为国际歌坛炙手可热的“绩优股”，其中包含王嘉很多功劳，不仅是资助他完成学业那么简单。与王嘉比起来，廖昌永的钢琴水平只能算是“小学生”，练习声乐离不开钢琴，他们相识后，王嘉教会了他很多钢琴知识。而且，是王嘉陪伴他走过了事业上最艰难的日子，是王嘉的爱与奉献支持他一次次征服了国际舞台。

廖昌永说，他曾经历了太多的失败，尝尽了失败的苦涩，是周小燕老师和王嘉使他感觉到苦涩后面还有甘甜的味道。在读研究生的时候，有一次，一位外籍教师给廖昌永上课，试唱的时候，廖昌永唱了一首威尔第的作品。没想到唱完后外籍老师说：“请你不要唱威尔第的作品了，你不是那个材料！”廖昌永反驳说：“唱不好才要学啊！”不料，那位老师竟逼着廖昌永在全班同学面前发誓：“永远不再唱威尔第的作品！”那是廖昌永最羞耻的一次经历。

下课后，王嘉见到刚刚受到侮辱而情绪低落的廖昌永，了解了原因后说："那老师胡说，我觉得你唱威尔第挺好的，反正我爱听！"之后，王嘉陪廖昌永苦练威尔第的作品。有趣的是，后来廖昌永与很多著名乐团和音乐大师合作威尔第的作品，而廖昌永唱得最拿手的威尔第作品就是《假面舞会》当中最难唱的一段。更有趣的是，那段歌的名字叫《你玷污了一个纯洁的灵魂》。不知那位外籍老师如果听到廖昌永完美演绎这首歌的时候会作何感想。所以说，一切皆有可能。

廖昌永在1996年之前参加的声乐比赛成绩都不理想。有一次去英国比赛，第一轮就被淘汰了，廖昌永很消沉。回国后，王嘉对廖昌永说："没拿奖怕什么，没关系，咱早晚得拿个大奖！"王嘉找来廖昌永参加比赛时的录像和他一遍遍地看，记录下他比赛时出现的问题。然后，王嘉拉着他来到学院的剧场练唱，找舞台感觉。整个空旷的剧场里只有他们两人，在舞台上，王嘉是廖昌永的演奏乐队，用钢琴为他伴奏；在舞台下，王嘉是廖昌永的满堂观众，为他鼓掌喝彩。

冬天，剧场里很冷，王嘉为了弹钢琴给廖昌永伴奏，双手长了冻疮，而当廖昌永完美地唱完一曲后，王嘉用冻伤的双手使劲给廖昌永鼓掌，那是廖昌永听到的最感动的掌声。他捧着王嘉的双手，然后把王嘉紧紧拥抱在怀里。廖昌永说，他在那一刻感觉拥有了整个世界，一个无比温暖的世界！后来，他们组成了一个美满的家庭，可爱的女儿也很爱钢琴。

廖昌永1995年于上海音乐学院硕士毕业后，成就斐然。如今，廖昌永每天出入世界各地的高雅艺术殿堂，但是，他很少系领带，是一位"不系领带的歌王"。他不系领带是有原因的。他说，第一，他是农民的儿子，这一点永远都不会改变，比起华丽，他更喜欢朴素、自然；第二，音乐是用来听的，不是用来看的；第三，音乐在人间，是大众的，不是贵族的，音乐是不受束缚的艺术。他对古典音乐有独到见地。他说，古典音乐在翻译上有问题，译成古典音乐或译成严肃音乐都不够准确，古典音乐实际上是指经过长时间考验而经久不衰、依然受到人们喜爱的经典音乐。

廖昌永认为，随着我国经济不断繁荣，人们的文化审美水平越来越高，中国经典音乐的市场会越来越大。而且，我们中国有很优秀的古典音乐人才，近年来能够震惊国际乐坛的年轻人中有不少中国人。他说：“古典音乐或者经典音乐，在中国的市场状况虽然不会像流行音乐那样火爆，因为经典是要经历时间考验的，但是当社会经济水平发展到一定程度，人们对精神生活的需求不断提高，古典音乐市场自然就形成了。因此，我一直相信，21 世纪的歌剧中心在东方！”

从一个山村穷少年奋斗成为世界华人歌王，廖昌永非同寻常的艺术之路，不仅激励了无数青少年，也给了我这位艺术教育工作者很大启发，让我更加坚信每一位孩子都可能蕴藏着巨大潜力，都值得我去认真挖掘和悉心培养。

【新生代的故事】

韩雨嫣：学习力强的孩子，想不优秀都难

> 学习力是人类最重要、最根本的能力，它会伴随孩子的一生，并影响其一生。

青少年要想让自己走向卓越，就要自觉地训练、提升学习力。弹奏一首动听的乐曲，需要训练；写得一手好字，需要训练；说一口流利的外语，需要训练；成为一个优秀的职业运动员，需要训练……提高我们的学习力，同样需要训练。

只有通过不断地学习和进行各种训练，学习力才会迅速提高。

这点，可以从我的学员韩雨嫣近 10 年的成长经历中找到答案。

韩雨嫣出生于 2007 年，由于父母工作忙，她 2 岁就上了幼托班。因此她学的东西相对多些，上幼儿园时她就因为语言表达能力强，思维反应快，特别招老师喜欢，她很爱聊天，有点自来熟，见到陌生人也能找到话题说上半天。

她 3 岁开始学芭蕾舞，经常参加幼儿园举办的各种节日演出。她平时特别好动，每天放学都要去游乐场，每种设施都会玩。

上小学后，韩雨嫣好像突然长大了，不像幼儿园时那么松散，一切行为都很规范。她当上了少先队员，有了责任感。她妈妈看到老师的期末评语：雨嫣是个特别文静乖巧的学生，积极完成作业，乐于助人，成绩也优秀……她妈妈简直不相信，雨嫣平时明明在家里是个“小老虎”，爱蹦爱跳爱闹！

其实，这就是学习力的魅力。爱学习、有上进心的孩子，转变之大往往是惊人的。

韩雨嫣读小学六年级下学期时才来我公司参加小艺员训练。在家访中，家长感慨地说，雨嫣这孩子真是太懂事了，似乎天生就爱学习，几乎都不用父母操心，她都能自觉地做自己该做的事，读小学时，她不仅努力学习校内课程，和同学相处融洽，担任课代表、小组长等，还主动要求去上古筝、篮球、爵士舞、拉丁舞等多种兴趣班。正因为这么勤奋好学，每年学校举办的重要节日演出都会选她去参加，她去惠州参加拉丁舞比赛获得了第二名。

也正是那次获奖，让韩雨嫣有了更大的学习动力和梦想。她希望自己能在歌舞和表演方面有更大的进步。一天，她和妈妈去新华书店购书时，刚好遇到了我公司的节目组外采主持人在搞活动，便主动要求报名参加我们的电视小艺员选拔。经过筛选、海选，她顺利成为电视小艺员的一员，并表现出前所未有的浓厚兴趣。

其实，当时她的家长是非常纠结的。因为我们公司位于广州白云区，而韩雨嫣家住花都区狮岭镇，两地相距实在太远，仅单程就需要 2 个多小时。但是看着孩子这么喜欢，家长便想尽办法克服困难。每个周末，韩雨嫣的妈妈带着孩子先是花 1 个小时从家里骑电动车到地铁站，再搭 1 个多小时地铁到达我们的训练中心。她们有时顶着 30 多摄氏度的高温，有时冒着大雨，每次训练 6—7 个小时，晚上下课回家时，韩雨嫣往往在地铁上就睡着了。妈妈没有办法，怕她坐电动车打瞌睡摔下去，便用一条长长的围巾把她绑在自己身上，这样晃晃悠悠地回到家时，基本已经是晚上 12 点多，有时甚至到了凌晨 1 点。

如此早出晚归地折腾，不要说孩子，就连大人都要累垮。可是，妈妈每次问韩雨嫣："这么辛苦，咱们就不去了吧？"韩雨嫣却总是坚定地回答："不，我要继续参加，我真的能在那里学到很多东西。而且从进节目组起，我就认识了很多队员，和大家成了好朋友，我们每次见面总有说不完的话，下课也不舍得分开，总想再多待点时间，我们还组成了团队，一起努力，一起坚持，我们勤奋学习，团结、互助、友爱，多好呀，我一定不能掉队！"韩雨嫣的父母也想过在花都找一家类似的培训机构，但是找不到，只好继续支持孩子完成梦想。

经过一年的努力学习和强化训练，韩雨嫣和队员们都有了质的飞跃。

2020 年，因为新冠疫情，她们参加小艺员的训练次数少了一些，但是韩雨嫣和队员们都按捺不住心中的热爱，通过网络视频，在老师的指导下，经过自身的学习与沉淀，她们反而更加积极上进，顺利、高质量地排练了很多节目，并多次出去演出锻炼。其间，韩雨嫣还在网上单独推出了翻唱歌曲《太阳》，合唱了《一笑倾城》《我要变好看》《硬糖》《Waiting for You》等曲目，并参加了广东少儿频道元宵晚会的节目录制，2021 年在"水木年华巡回演唱会启动仪式"中演唱了歌曲《一生有缘》。

转眼到了初中二年级下学期，学校的学业很重，马上就要升初三了，韩雨嫣学习越来越紧张，父母一直担心小艺员训练会影响孩子的学业。可韩雨嫣依然铆着一股劲，每天放学后上完 2 小时补习班，再将学校和节目组布置的作业任务全部按时完成。其实她的学习成绩也在不断进步，因为她把所有碎片时间都利用上，做完作业后，一有空就练声、练体能、练舞，不需要家长督促，自觉完成。

韩雨嫣的父母告诉我，雨嫣升入初中后，还参加了学校的女子舞龙队，平时一个星期练 2 天，有比赛时每天都要练习，举着十几斤的舞龙杆，每次训练后人都快要虚脱了，她却一直坚持着不放弃，2019 年去佛山参加比赛，拿了女子团体赛一等奖，2020 年参加广州黄埔区的舞龙比赛，也取得了团体赛第二名，而且她每天都是自己骑单车上下学，非常独立，让家长十分欣慰。

这么有学习力的孩子，真的是不优秀都难。哈佛商学院柯比教授曾说，比勤奋更重要的是学习力，唯有学习力，才能真正提升学习效率，成为学习的主人。

强者恒强，一个学习力极强的人，只会越来越强，而没有学习力的人，虽然短时间很厉害，可是会不断地被超越。在学生时代，学习力会直接影响孩子的学习成绩；当孩子长大走上工作岗位后，又将影响着他们掌握新技能的能力。未来是知识经济时代，竞争越来越激烈，传统的死记硬背的学习方法，显然是行不通的，因此，为适应社会发展，青少年必须提高学习力。

【黄金法则】

青少年综合素质教育九大黄金法则之“学习力”

学习力，是指学习的动力、毅力和能力的综合体现，也可以说是把知识资源转化为知识资本的能力。个人的学习力，不仅包含知识总量（即个人学习内容的宽广程度和开放程度），也包含知识质量（即学习者的综合素质、学习效率和学习品质），还包含知识流量（即学习速度及吸纳和扩充知识的能力），更重要的是看知识增量（即学习成果的创新程度和知识转化为价值的程度）。

要想长期具备强大的学习力，就必须做到终身学习。对于人的一生来说，义务教育是培养学习力的一个重要基础阶段，因此每一位青少年都应该努力完成。而终身学习，通常是指我们步入社会之后，为了适应社会发展和实现个体发展的需要，贯穿于人的一生的、持续的学习过程。也就是我们所常说的“活到老，学到老”或者“学无止境”。如今，在联合国教科文组织的大力提倡、推广和普及下，终身学习在世界范围内已形成共识，许多国家在制定本国的教育方针、政策或是构建国民教育体系的框架时，均以终身学习的理念为依据。

雅克·德洛尔在《学习：内在的财富》报告中曾指出：“终身学习是21世纪的通行证，人类将进入一个学习型社会。”他强调，终身学习又指“学会求知，学会做事，学会共处，学会做人”。这是21世纪教育的四大支柱，也是每个人一生成长的支柱。就像歌唱家廖昌永那样，即便他从上海音乐学院硕士毕业后，仍然坚持终身学习，最终才成功走向国际。

近几年，我国正在全面深化教育综合改革，为提高全民素质，提升城市品质，全国各地都在大力宣传终身学习理念，创新终身学习方式。我们要构建终身学习体系，打造“学习型社会”。无数事实也反复证明，21世纪，全民学习、终身学习的时代已经到来。

因此，在这种文化环境下，学习者，尤其是青少年，必须拥有更高的能动性，准备持续更新自己的知识，回应问题与环境中的变化。而我们这些教育工作者，更加要不断学习、终身学习，成为努力获取、使用和创造知识的补充者、促进者、辅导者、支持者和引导者。

【经典秘诀】

如何培养孩子的学习力

古语云："授人以鱼，不如授人以渔。"作为父母，我们不仅要给孩子鱼吃，更要教会孩子捕鱼的方法，让孩子具有持久的学习力，才能受用一生。

第一，想要培养孩子的学习力，父母先要有良好的情绪，让孩子保持愉悦的心情，为孩子创造轻松的环境，才能提高孩子的学习动力和学习兴趣。

第二，帮助孩子建立学习目标，由易到难循序渐进，以阶段式训练来达成目标，这样不仅可以让孩子清楚明白自己正在完成的事情，制造成功经验，提升自信心，亦能够培养出孩子的学习责任感，增加学习的完成度和学习效率。

第三，培养孩子的好奇心，让孩子对即将要学习的内容充满好奇，产生主动靠近的心理状态。比如：带孩子赏花时，让孩子认识各种花卉，自己先靠近花朵闻一闻花香或拍照，亦可与孩子玩游戏，像是捡地上的花瓣，比赛看谁先用花瓣摆出爱心等，父母也可以在日常生活中制造小惊喜，提升孩子的学习兴趣。

第四，尊重孩子的创造力。大多数孩子的想法都是天马行空，看世界的观点也与成人大不相同，有时候表达出的话语会和实际状况有落差，此时父母不要以成人的眼光急着纠正孩子，甚至打压、嘲笑孩子，而应赞赏、倾听孩子的表达。

第五，帮助孩子建立安全感，培养稳定情绪，这样在学习过程中就不容易因为焦虑、退缩等情绪影响学习。父母还应协助孩子建立规律的生活作息，包括吃饭、睡眠、洗澡、娱乐时间等，让孩子知道什么时间该做哪些事情。当建立起生活周期后，孩子做任何事都能先做好准备，学习也会更加专注不分心。

第六，要明白学习力与我们传统的学习理念是不同的，它是一种现代化的学习方式，主要让孩子通过独立的分析、探索、实践等方法来实现学习的目标，让他们自主参与到学习中来，找到真正的学习乐趣。因此，培养学习力时，不要一味地逼他们学习或强迫他们写作业，而要让他们自己主动学习或写作业。

第七，科学表明，与生活结合的学习效率更高。人类记东西并不是像电脑的数据库那样。大脑里的各种信息其实是连接在一起的，就像一张网，要记的东西跟其他信息的连接越多，记得就越牢。比如说孩子学英语，不要整天拿着书本学，父母也可以和孩子在日常生活中多练口语。

第八，学习本质是为了解决生活中的问题。无论是孩子在校内学写字、算术，还是在校外学弹钢琴、跳舞，都是为了让孩子的综合素质得到提升，将来的生活更加独立自主而又丰富多彩。将学习融合在生活中，孩子的学习力才会更持久。而且，生活是天然的跨界学习，孩子可以学到各种各样的知识。

结 语

推进青少年素质教育，助力时代新人“乘风破浪”

古希腊哲学家苏格拉底认为：教育的智慧在于唤醒。

德国哲学家雅斯贝尔斯也说过：教育的本质意味着，一棵树摇动另一棵树，一朵云推动另一朵云，一个灵魂唤醒另一个灵魂。

因此，在我眼里，真正的教育，不是把篮子装满，而是把灯点亮。教育给予孩子最重要的不是那些死记硬背的知识，而是对学习的热情、对成长的信心、对生命的敬畏、对梦想的坚持、对磨难的无惧、对美好生活的向往……

立德树人是我国教育的本质，教育应顺应学生身心发展规律，促进学生德智体美劳全面发展。立德，就是坚持德育为先，通过正面教育来引导人、感化人、激励人；树人，就是坚持以人为本，通过合适的教育来塑造人、改变人、发展人。

2021 年，国务院印发《全民科学素质行动规划纲要（2021—2035 年）》、《关于进一步减轻义务教育阶段学生作业负担和校外培训负担的意见》（以下简称“双减”）等。这些政策的落实，不仅意味着我国教育格局的重大调整，更是教育观念的大变革。尤其是“双减”政策明确指出，提倡开展学生素质教育，发展文体、艺术、科普、阅读、劳动、兴趣小组、社团活动等课后服务，非学科类旨在提升孩子综合艺术修养、素质能力和兴趣特长，符合《中华人民共和国教育法》和《中华人民共和国未成年人保护法》的方向，属于国家鼓励规范有序发展的范畴。由此我们可以肯定地看出，素质教育时代真的要来临了，青少年综合发展必然是未来大势所趋。

这也正是我和箭翔星秀始终坚守的初心，我们坚决响应政府的“双减”政策，为孩子们提供国家和个人未来共需的综合素质教育。我们会进一步精心打造更多元、更适宜的成长环境，赋予孩子们一段快乐的青少年时光，让孩子们在丰富的体验中收获无数快乐和协同发展多种能力。充满乐趣的艺术教育，能让孩子尽情释放天性、开拓视野、发掘潜能，不断提升创造力、自我管理能力和文化素养。

我一直认为，让教育回归本质，就是突出孩子身心发展规律，让孩子在快乐、轻松的氛围中增长知识和能力，让孩子在不同的个性中绽放自我、追求梦想。

长期以来，大多数家长对素质教育存在一个教育误区：以为素质教育就是报读各种兴趣班，学习内容上只重视技能层面的训练，通过考级拿到一大堆证书，让孩子学会多种“技能”。这种观念比较片面，其实对孩子的思考方式、解决问题等方面的能力帮助不大。真正的素质教育，是要提高孩子的综合素养，包括思想道德、能力培养、个性发展、身心健康、智慧潜能等，在各种实践活动中塑造孩子的健全个性。

比如我们箭翔星秀在学员训练中，“考证”并不是首要的，最注重的是如何提升孩子的综合能力，真正践行素质教育。为此，我们不仅坚持文化与艺术兼修的中西结合现代教学理念，构建了九大自主研发的综合素质教育课程体系，而且打造了众多新颖原创的品牌娱乐节目 IP 集群、先进完善的电视节目制作及艺人养成平台，建立了强大全国品牌卫视及媒体合作战略高地。我们的最终目标就是，让普通孩子都变得优秀，让优秀孩子变得卓越，让卓越孩子变得独一无二。

随着我国教育改革向深水区挺进，未来还会有变化。我认为家长应有意识地从素质教育方面多关心孩子的成长，从过去对孩子成绩的过分关注向个性化的素质提升方向转移，从学科教育的过度关心到素质教育的全方面发展。因此，家长也需要眼光放远一些，静心思考，在当今全面发展素质教育的趋势下，要把孩子教育成什么样，如何选择更适合孩子的素质教育方法。

众所周知，21 世纪最需要的是综合型人才。人类正在向信息化的时代迈进，任何国家要想在世界竞争中立于不败之地，必须加强本国的综合国力，而综合国力的竞争归根到底是人的竞争。中国科学院心理研究所研究员施建农教授曾说：越来越多的实践证明，传统教育栽培出来的孩子，真正缺乏的是情绪、人际、挫折、意志、行为、态度、创新等方面的综合素质训练和教育。

以前，很多家长都注重 IQ 而忽略孩子 EQ 的成长。比如我经常听见有父母这样对孩子说：学艺术有什么用，你又当不了明星，这能当饭吃吗？即便你想当明星，那也是有钱人家孩子才能玩得起的爱好，小孩子学艺术无非就是学点皮毛，多一点花哨的技能，还有什么好处？对你的学习成绩和将来的工作有帮助吗？

我只能说，这样的观念真的太狭隘了。殊不知，在当今这个经济发达、人才济济的开放型社会里，越来越需要综合型人才。我公司每年都会招聘一批新员工，但我在面试时屡屡发现，很多在学校成绩名列前茅的毕业生，连和面试官讲话都显得非常痛苦，又怎么能在工作中、在社会上施展拳脚？现在很多工作岗位，都要求团队合作，跟不同人打交道，跟业务绩效挂钩，如果不知道如何跟同事、客户进行有效交流，总处于被动状态，非常别扭，又或者清高自负，眼高手低，心浮气躁，甚至遇到挫折就一蹶不振，很快就会被淘汰的。

可以看出，这些现象并不是一个人的学习能力问题，而是其缺乏人际交往、合作能力和心理承受能力等综合素质。无论是职场上还是生活中，每个人都会有一种常人看不到的东西，就是灵性。我在长期的教学中就发现，懂艺术的孩子眼神里有一种与众不同的光。有灵性的孩子将来无论是学习还是工作生活，都会更灵活聪明得多，同时也会更加轻松，事半功倍。所以，我一直强调，学习艺术不一定是要孩子以后从事艺术，而是提高孩子的灵性。

相关资料显示，我国青少年素质教育的基本内容主要包括：品格、世界观、人生观、价值观、道德素质、语言知识、文化科学知识、体魄、行为习惯、社交能力、劳动能力、学习能力、应变能力、智力、社会情感、意志力、个性，以及自学、自理、自护、自强、自律等各方面的能力。长期以来，我也是坚持这么做的。

我在从事青少年素质教育时，有几个原则：一是亲和力强，无论是老师对待孩子，还是孩子与伙伴之间，一定要真情实感，言行一致，互相信任，互相依赖，互相支持；二是传导性强，要求小伙伴群体做到交往密切频繁，感情融洽和谐，畅所欲言，信息沟通快，传递灵敏畅通，“传导”作用强，甚至可以有“权威核心”人物，并为成员所公认，这种“自然领袖”威信高，对成员影响大，号召力强；三是主动性强，充分发挥孩子的积极性、热情与创造力，帮助他们从小就养成积极向上的生活态度和人生态度；四是实践性强，通过实践，将外界的知识、信息内化为自身素质；五是趣味性强，一定要寓教于乐，在传授知识和技能的同时，也能让孩子感受到无穷的快乐，并在愉悦的氛围中培养其良好的个性，使孩子的体能、智能、情感、意志、社交等多方面的素质得到训练。

作为教育平台，我的公司也致力于通过音乐、舞蹈、表演等艺术形式给青少年素质教育提供一个更广阔的训练大舞台。社会发展到今天，音乐、舞蹈、表演等艺术教育给予孩子的“好处”其实已经越来越广泛了。比如舞蹈，不仅可以促进孩子的生长发育、改善形体、提高生理机能，还会使孩子神经系统的结构和机能发生适应性的改善，促进视觉、听觉、本体感觉等各种感觉功能的提高，促进思维与智力的发展，改善神经系统对躯体运动的调节，提高肢体的协调性、灵活性，使大脑更灵活、健全和细密，反应更迅速，动作更灵敏。对孩子的身心发展，舞蹈也有一定的治疗效果，如孩子的注意力不集中、动作迟缓、粗心大意、动手能力差、胆小、敏感、自信不足等，经过舞蹈素质训练都会得到相应的改善。

再比如音乐，同样可以培养孩子的注意力、想象力，提高智力特别是逻辑思维能力。音乐是声音的表现艺术，其音符的表现背后蕴藏着无限的意义。这便给孩子的想象力及逻辑思维能力及跳跃性思维提供了无限的空间。孩子可根据自己的想象来诠释自己心中的音乐。因此学习音乐对提高智力及大脑的各方面能力都有极大的帮助。在音乐学习的日常练习中，孩子的注意力也能够得到相应的提高。对音乐锲而不舍地追求，则能培养孩子坚韧不拔的毅力。音乐还能够使孩子找到终生体验的乐趣，陶冶性情，使其一生充实快乐。

再比如表演，学习表演的过程，可以增加孩子之间、师生之间的接触、交流、沟通，加强孩子的团队精神、合作能力。孩子可以通过表演表达自己特殊的情感，宣泄负面情绪，让其内心实现平和放松；孩子也可以演奏一首动听的曲目或者参与创造一段舞蹈、剧目，激发他们积极主动的精神。在我的学员中，有不少性格内向的孩子通过参与影视剧拍摄后，性情都极大地改善，处事待人方面有进步，变得热情大方，更加喜欢与人沟通聊天，其转变之大经常令家人朋友吃惊不已。

另外，音乐、舞蹈、影视表演等艺术教育，还能提高孩子的气质与品味，使孩子能够更好地控制和规范自己的行为。艺术源于生活但又高于生活，喜欢追求艺术的孩子，对生活质量、自我行为等要求更高。学习艺术的孩子，也更早学会了理性思考与感性思维，能以从容乐观的精神面对未来的机遇与挑战。

所以，我非常认同“双减”政策，减轻孩子的负担，让孩子回归到创新思维层面的能力提升上。这也意味着在国家大力倡导下，艺术教育真正地进入了蓬勃发展阶段。当下，青少年的家长们多为80后、90后，他们的教育观念更加现代，在传统学科技能之外，也格外关注孩子综合素质的提升，注重教育中对底层逻辑思维的培养，对于素质教育学习的投入也大幅增加。这些都是响应国家号召培育时代新人的有利因素。

2020年，国务院印发《关于全面加强和改进新时代学校美育工作的意见》，以提高学生审美和人文素养为目标，弘扬中华美育精神，以美育人、以美化人、以美培元，把美育纳入各级各类学校人才培养全过程。此外，逐步完善"艺术基础知识基本技能+艺术审美体验+艺术专项特长"的教学模式，在学生掌握必要基础知识和基本技能的基础上，着力提升文化理解、审美感知、艺术表现、创意实践等核心素养，帮助学生形成艺术专项特长。这也正是我和箭翔星秀团队一直在努力实践和追求的梦想。

2022年4月，教育部召开了新闻发布会对最新修改的《义务教育课程方案和课程标准（2022年版）》（以下简称"《课程方案和标准（2022年版）》"）有关情况做了说明，并于2022年秋季学期开始实行。本次修订中，有几项围绕艺术课程的改革，在国家、教育部的全面支持下，将快速贯彻落实，这必然推动素质教育的发展。

据了解，本次修订优化了课程设置，一至七年级以音乐、美术为主线，融入舞蹈、戏剧、影视等内容，八至九年级分项选择开设。艺术类课程始终坚持以美育人的教育理念，在授课的过程中重视艺术体验，培养学生的艺术素养和审美能力；而且，艺术课程成为义务教育阶段的必修，整体的课程设置上，《课程方案和标准（2022年版)》中明确指出，艺术课程在一至九年级开设，并且课程时长要达到九年课时总比例的9%—11%。学生至少要掌握1—2项艺术特长，而对于课程设置，也要求分学段教学，由浅入深、循序渐进。以音乐课程为例，我们具体的教学目标大致如下：在学生一至二年级阶段，以培养学生的兴趣为主，引导学生积极参加演唱、表演等艺术活动，让学生对音乐有基本的兴趣和了解；三至五年级，在教学过程中加深学生对音乐的兴趣，引导学生在艺术表演过程中表达自己的感受和体会，培养学生的创造力、展现学生个性，并且要让孩子关注生活中的音乐；六至七年级，在艺术实践中增强学生的交流合作能力，加强对音乐的感知，并通过对中国音乐作品的理解，增强文化自信；八至九年级，通过多年的音乐学习，让学生能良好地把握音乐中表达的情感和思想，拥有能创编音乐短作品的能力，对生活中、社会上的音乐现象有自己的看法和理解。同时，要帮助学生掌握1—2 项艺术特长。

20 多年来，我一直深耕于艺术教育与素质教育创新理念的实践与传播中，我一直在想，我们国家什么时候可以让孩子从幼儿园到大学都可以边读书边学艺术两不误，用艺术提升孩子的综合素质，让孩子成为综合性的人才，相辅相成，良性循环，两条腿走路？我也经常与学校校长们进行实地交流，希望共同打造一个复合型人才教育基地。对于我的夙愿和创新理念，广东清远市第一中学实验学校胡可宏校长、广州广府集团广园中学邱广东校长等非常认可和重视，他们的很多想法与我不谋而合，所以我们多次合作举办了相关的艺术素质教育与综合素质教育主题交流会。

我始终认为，青少年不能只是成绩好，要让我们中国的每一个孩子都拥有健康的身心、优良的思想品德、一流的口才、渊博的知识、多才多艺的特长、独一无二的形象气质、超强的学习力、强有力的运用能力、过人的胆识与见识，充满阳光与自信，成为国家、世界需要的综合素质过硬的复合型、国际化人才。

后　记

亲爱的读者们，当您翻开这本《会飞翔的孩子》时，请允许我表达我最深的感激。是您的期待与热情，如同夜空中璀璨的繁星，照亮了我创作的道路。在繁忙的生活中，您选择了与这本书相遇，与我共同踏上这场探寻成长真谛的奇妙旅程。这份珍贵的陪伴与支持，我将永远铭记在心。

这本书，是我二十载青春岁月的结晶，它凝聚了我对成长的深切关怀与独到见解。无论您是青春洋溢的少年，还是历经风霜的长者，都能在其中找到共鸣的旋律、启迪的光芒。它将带您穿越时空，领略成长的多彩画卷，感受那份深沉的共鸣与无尽的感动。

对于渴望超越自我、追求卓越、胸怀大志的您，这本书将如同添翼之虎，赋予您飞翔的力量，激励您迎难而上，追逐梦想，实现远大抱负。对于教育工作者们，这本书将是您手中的神奇钥匙，助您开启学生心灵的宝库，成为培养卓越学生的得力助手。对于为人父母者，它则是一盏明灯，照亮育儿之路，让您在陪伴孩子成长的旅途中更加坚定。对于创业者和职场人士，它将激发您的创新思维，助您的事业腾飞。对于正在成长中的青少年，它将为您种下梦想的种子，引导您如何获得实现梦想的能力，并助您实现梦想，成为精英领袖。对于老一辈的长者，它则是一本智慧的宝典，鼓励您持续学习，让晚年生活更加快乐、健康、满足且有意义。

希望大家每一次翻开这本书都能获得全新的启示与感悟。它不仅仅是一本书，更是您人生旅途中的忠实伴侣，陪伴您度过每一个成长的瞬间，记录您的每一次进步与飞跃。这本书以细腻的笔触描绘了成长的轨迹与梦想，穿插了丰富的案例、我的创业经历、名人故事以及实用的黄金法则，它们如同点点星光，照亮您前行的道路。

对于追求梦想的人来说，希望这本书成为一份宝贵的财富，它将在您成长的道路上给予您坚定的信念和无尽的力量。亲爱的读者朋友们，感谢您选择《会飞翔的孩子》作为您人生旅途中的一盏明灯。无论风雨兼程还是阳光普照，愿这本书都能陪伴您左右，为您指引方向，给您力量。愿您在追寻梦想的道路上，因有它的陪伴而更加坚定、更加勇敢。

愿每一个翻阅它的瞬间，都能成为您心中永恒的美好记忆。愿《会飞翔的孩子》成为您人生路上最真挚的伙伴，与您共同书写精彩的篇章。现在，我诚挚地邀请您，快来拥有这本书吧！让它成为您人生路上的指路明灯，为您点亮前行的道路。

无论您的身份如何，来自何方，只要您怀揣着成长的渴望与追求卓越的决心，《会飞翔的孩子》都将是您不可或缺的精神食粮。让我们携手在成长的道路上共同前行，追寻那份执着的梦想与追求！

其实，我们每个人的内心深处，都蕴藏着一个想飞翔的孩子。他怀揣着梦想，眼中闪烁着星辰，对未知的世界充满好奇与渴望。他，是那颗尚未被尘世磨砺的璀璨星辰，静静地等待着在生命的舞台上绽放光芒。

我们，都是那渴望飞翔的雏鹰。心中的热爱如火焰般炽热，对蓝天的向往如潮水般汹涌。我们梦想着挥动翅膀，穿越云层，追逐那遥不可及的星辰，将其拥入怀中。

然而，生活的琐碎和压力常常使我们迷失方向，翅膀似乎变得沉重，难以承受。但请相信，梦想并不遥远。只要我们坚定信念，磨砺翅膀，沿着正确的航道勇往直前，始终紧盯目标不放松，我们终将会挣脱束缚，展翅高飞。

当那一刻来临，我们将与星辰共舞，翱翔在无尽的蓝天之上。我们将绽放出属于自己的独特光芒，书写下属于我们的传奇篇章。因为，我们就是那“会飞翔的孩子”，带着纯真与执着，追逐着属于自己的星辰和蓝天。

附 表

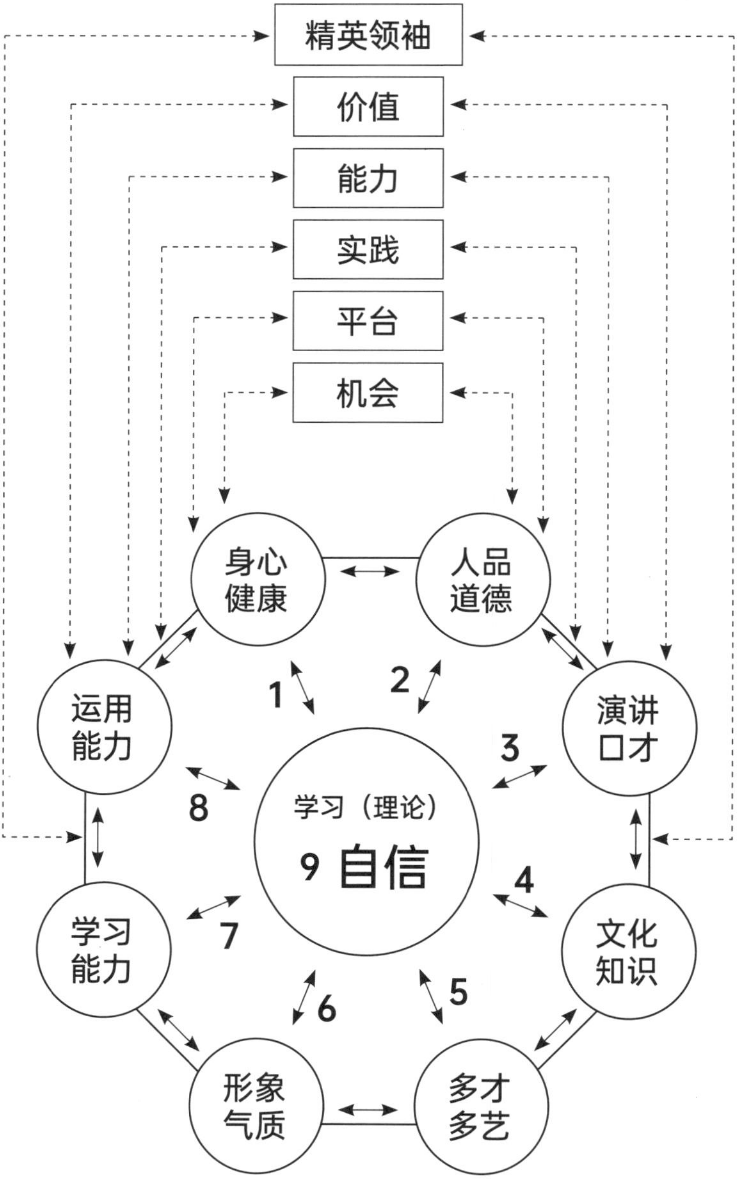

九大综合素质核心要素（精英领袖培养图）

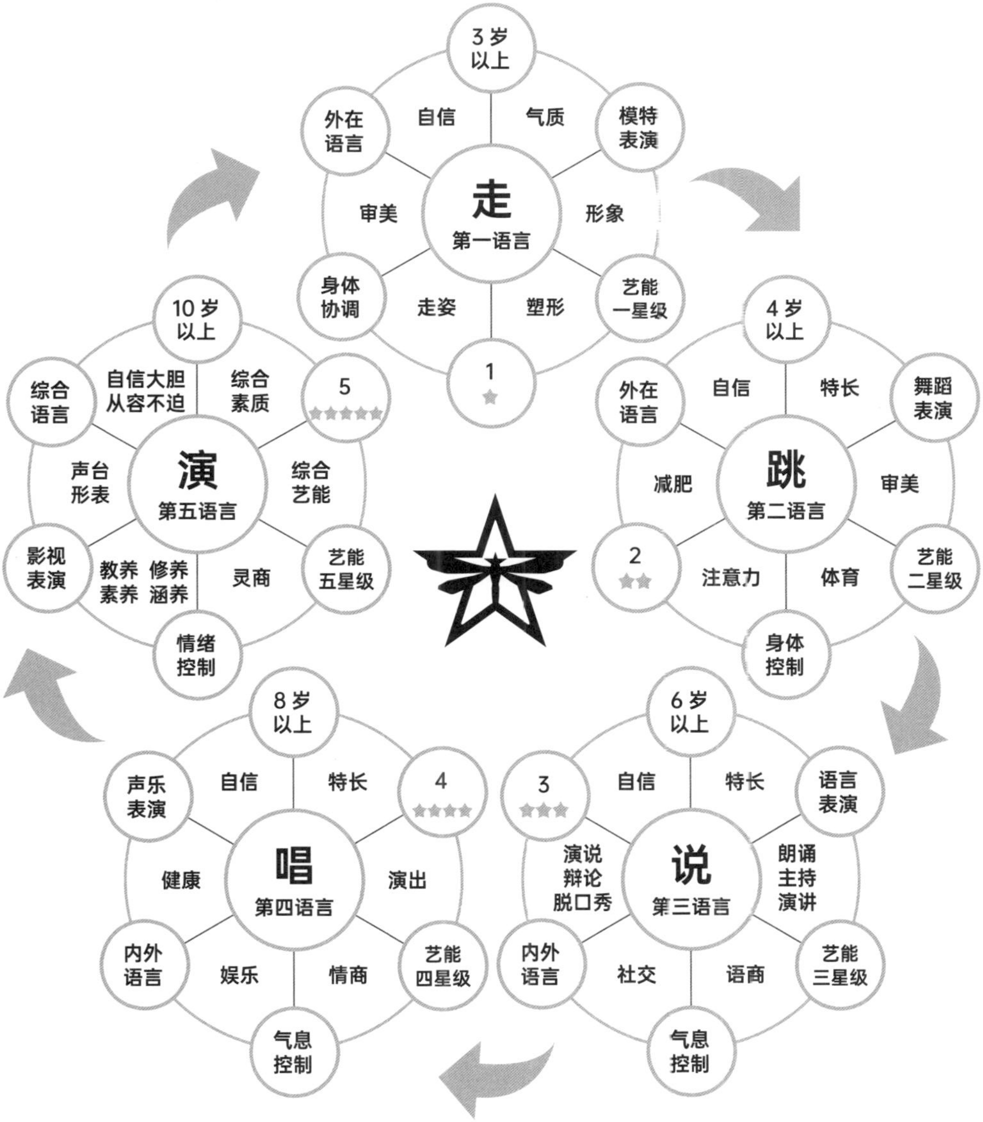

五大艺术语言（五星艺术人才培养图）